Jan Roß

Die Verteidigung des Menschen

Warum Gott gebraucht wird

Rowohlt · Berlin

2. Auflage Dezember 2012
Copyright © 2012 by
Rowohlt · Berlin Verlag GmbH, Berlin
Alle Rechte vorbehalten
Satz aus der Janson Text PostScript
bei Dörlemann Satz, Lemförde
Druck und Bindung CPI – Clausen & Bosse, Leck
Printed in Germany
ISBN 978 3 87134 722 1

Meinen Eltern

INHALT

EINLEITUNG:
DIE GOTTLOSE GESELLSCHAFT

Was weiß ich schon von Gott? Gott kann für sich selbst sorgen. Es ist der Mensch, um den es in diesem Buch geht. Nicht für Gott, für den Menschen ist die Religion da – um ihn frei, reich, tief, groß zu machen: menschlich. Dass der Mensch so ist und sein soll, kostbar und geheimnisvoll, etwas Besonderes, ist die Voraussetzung, von der hier ausgegangen wird. Wer sie nicht teilt, möge nicht weiterlesen; er wird auf den folgenden Seiten wenig finden, was ihn interessiert oder ihm einleuchtet. Dass der Mensch zu dieser Menschlichkeit die Religion braucht oder wenigstens sehr, sehr gut brauchen kann, das ist die These, die plausibel werden soll. Gott ist die Garantie der Humanität. Die gottlose Gesellschaft ist bedroht von Unmenschlichkeit.

Dagegen erheben sich sofort zwei Einwände: Man kann es abwegig finden, dass die Religion einen so wesentlichen Beitrag zum Menschsein leisten soll. Viele werden sie eher für irrelevant halten – oder sogar für unmenschlich. Das Buch wird versuchen, sie vom

Gegenteil zu überzeugen. Der andere Einwand lautet: Das ist eine unechte, weichgespülte, bekenntnisschwache Verteidigung der Religion. Wenn sie nur dazu dient, ein Menschenbild zu stützen, wenn Gott lediglich als metaphysischer großer Bruder für den Menschen benötigt wird – dann kann von Glauben in Wahrheit nicht die Rede sein. Das ist bloß religiös angestrichener Humanismus, keine Religion.

Doch Vorsicht: Dieser Einwand sticht nur, wenn man es mit der Würde und Bedeutung des Menschen nicht ganz ernst meint. Wenn man von der Menschenmajestät wirklich überzeugt ist, wenn sie tatsächlich den Kern unseres Weltbildes darstellt und wenn sich dann zeigt, dass sie irgendwie mit Gott zusammenhängt – dann spricht das sehr für die Religion. Ein krachnüchterner, streng rationaler Philosoph wie Immanuel Kant hat auf einen ähnlichen Gedanken sein Argument für die Existenz Gottes aufgebaut. Ich vermag nicht zu beweisen, dass der Mensch so über die Maßen wichtig ist. Aber ich glaube es mit seltsamer, man könnte sagen: religiöser Gewissheit, und sicher auch viele Leser, denen der Glaube an Gott durchaus fernliegt.

Religion führt in unserer Gesellschaft eine aschenputtelhafte Existenz. Was denken wir, wenn im Restaurant am Nebentisch ein Tischgebet gesprochen wird? Wahrscheinlich haben wir es noch nie erlebt. Es wäre seltsam, peinlich; man wäre verlegener, als wenn man Gesprächsfetzen über Potenzstörungen oder einen betrügerischen Bankrott mitbekäme. Es würde exzentrisch oder sektenhaft wirken, demonstrativ, wie ein Bekehrungsversuch am falschen Ort: Sind wir hier bei den Zeugen Jehovas? Die Religion hat keinen Platz im normalen Sprechen und Leben unserer Zeit.

Die immer noch imponierende offizielle Stellung der Kirchen in unserem Land, mit Milliarden an Steuereinnahmen, staatlichem Religionsunterricht und garantierter Vertretung in den Aufsichtsgremien der öffentlich-rechtlichen Rundfunkanstalten, ändert daran nichts. Es geht um kulturelle Marginalisierung. Kann ein Regisseur, der auf sich hält, die Gebetsszenen, Priesterauftritte, Heiligen Messen und frommen Bekenntnisse, von denen die Theater- und Opernliteratur voll ist, anders als ironisch, verzerrt, verfremdet auf die Bühne bringen? Wer kommt mit weniger Hänseleien und Einsamkeitsgefühlen durch die Schule – ein Kind, das einen «Kinderglauben» hat, oder eines, dem das alles von Anfang an und schon vom Elternhaus her als bloßer Märchenkram wie Weihnachtsmann und Osterhase gilt? Als Tony Blair britischer Regierungschef war, legten seine Berater großen Wert darauf, dass seine sonntäglichen Kirchgänge nicht von Fernsehteams gefilmt wurden. Das war kein Ausdruck von Bescheidenheit oder Diskretion, sondern nackte Angst: Glaubensakte in einem religionsfernen Land können Wähler vertreiben. Die private Frömmigkeit des Premierministers Ihrer Majestät wurde behandelt wie ein Laster oder eine Behinderung, die man vor den Augen der Öffentlichkeit verbergen musste.

Als im Sommer 2012 in Deutschland nach einem Gerichtsurteil ein Streit über die Zulässigkeit der Beschneidung muslimischer und jüdischer Jungen ausbrach, wurde das Ausmaß der gesellschaftlichen Entfremdung vom Phänomen der Religion schlagartig erkennbar. Regierung und Parlament bemühten sich zwar sofort, die Legalität eines Brauchs zu sichern, der nirgendwo auf der Welt verboten ist. Aber in der öffentlichen Meinung, besonders im niedrigschwelligen, enthemmungsfreundlichen Internet, war die Stimmung ganz anders. Die Mehrheit wollte nicht nur eine andere Güterabwägung und ließ die Religionsfreiheit der Eltern nicht als hinreichenden Rechtfertigungsgrund für die Körperverletzung am Kind gelten. Sondern bei vielen existierte gar kein Sinn mehr dafür, dass es hier überhaupt etwas abzuwägen gab und dass man auch nur auf die Idee kommen konnte, auf religiöse Lebensformen Rücksicht zu nehmen. Religion war für sie bloß Missbrauch und Aberglaube, und von dem jahrtausendealten, biblisch begründeten Ritus der Beschneidung schienen sie zum ersten Mal zu hören – verständnislos und entsetzt. Es war, als sei mitten in der Bundesrepublik ein Stamm von Menschenfressern entdeckt worden.

Die neue Abneigung gegen die Religion ist nicht chauvinistisch. Sie richtet sich tendenziell gegen alle

Glaubensrichtungen – gegen das Kreuz im Klassenzimmer genauso wie gegen das Kopftuch der muslimischen Lehrerin; beim Beschneidungsstreit geriet auch das Judentum ins Visier. Die Islamophobie mag die stärkste, politisch brisanteste Form des Widerwillens gegen eine Glaubensgemeinschaft sein, aber letztlich ist sie nur der Spezialfall einer allgemeinen Religionsphobie. Religiöse Erscheinungen stoßen auf generelles Unverständnis, die «eigene», christliche Überlieferung nicht ausgenommen. Dass die Amerikaner allen Ernstes massenhaft in die Kirche gehen, davor steht der normale Europäer kaum weniger fassungslos als vor der Tatsache, dass man in Saudi-Arabien kein Bier kaufen kann. Wir leben nicht nur in einer Gesellschaft mit wachsender Religionsfeindschaft. Wir steuern auf eine Kultur des religiösen Analphabetismus zu.

Der Glaube, obwohl noch immer millionenfach gelebt, hat etwas Subkulturelles und Eingeschüchtertes angenommen. Früher, als die Priester mächtig waren und die weltlichen Herrscher sich auf die Kirche stützten, brauchte es Mut, die Religion anzugreifen oder ihre Dogmen zu bestreiten. Heute haben sich die Verhältnisse umgekehrt: Die Gottlosigkeit ist ungefährlich, mehrheitsfähig und naheliegend geworden, und es verlangt viel eher Courage, sich zum neuerdings kleinen und hässlichen Glauben zu bekennen. Das Genormte und das Unbequeme, Anpassung und Nonkonformismus haben beim Thema Religion die Seiten gewechselt.

Das ist kein Beweis für die Wahrheit der Religion. Dass eine Sache populär ist, muss nichts für ihre Richtigkeit besagen; umgekehrt tut es ihre Unpopularität, die vielleicht unschöne Geringschätzung, mit der sie behandelt wird, aber natürlich auch nicht. Der Prediger auf der Apfelsinenkiste im Stadtpark, über den sich die Leute lustig machen, muss deswegen noch kein echter Prophet sein. Doch eine gewisse Bockigkeit, diese Zeittendenz mitzumachen, mit den Wölfen zu heulen und mit den stärkeren Bataillonen zu marschieren, mag aus dem antireligiösen Konformismus resultieren: Das wollen wir doch mal sehen, ob der liebe Gott und seine Anhänger wirklich so unmöglich sind, wie die herrschende Meinung glaubt.

Mit der verbreiteten Art, die Religion beiseitezuschieben, ist ein Verlust verbunden. Es wird dadurch eine Welt von Haltungen und Ideen mitgetroffen, die selbst gar nicht im engeren Sinne religiös sind, aber zum Glauben in einer schwer zu fassenden, doch noch schwerer zu leugnenden Beziehung stehen. Etwa dass es absolute Wahrheiten gibt (nicht nur in der Mathematik), dass Gut und Böse nicht bloß Worte sind und man sich zwischen ihnen entscheiden muss, dass die Liebe «stark ist wie der Tod», wie es im Hohen Lied Salomos heißt. Das sind auch, wie der «Kinderglaube», irgendwie peinliche, nicht in die Zeit passende Vorstellungen, eines aufgeklärten Erwachsenen nicht würdig; sie stammen ja tatsächlich aus der Kindheit, der Menschheitskindheit einer tiefen geschichtlichen Vergangenheit und der Lebenskindheit eines jeden von uns. Es fragt sich nur, ob der erwachsene Abschied von alledem wirklich in jeder Hinsicht ein Fortschritt ist. Er könnte auch Ausdruck einer Feigheit sein, der Angst, sich zu blamieren, für etwas Großes und Schönes ein Risiko einzugehen und damit zu scheitern. Dann will man lieber auf der sicheren Seite sein, von Anfang an «realistisch», um nicht am Ende mit leeren Händen zurückzubleiben.

Es geschieht aber nichts Neues und Besonderes ohne eine gewisse Naivität und die Bereitschaft, am Schluss dumm dazustehen. Wer liebt, macht sich verwundbar; wer dichtet, kann verrissen werden; wer für die Freiheit kämpft, wird vielleicht ein paar Jahre nach dem Sieg über Diktatur oder Fremdherrschaft auf ein korruptes Land blicken und sagen müssen: Es hat sich nicht gelohnt. Uncoolness ist das Herz des Großen und Guten. Und die Religion ist der Gipfel der Uncoolness, der Inbegriff der Blamage- und Enttäuschungsmöglichkeit: Was, wenn es keinen Gott gibt, wenn er das Gebet nicht erhört, mit dem ich mich so hilflos exponiert habe, wenn mit dem Tod doch alles aus ist und das ewige Leben nicht stattfindet? Es ist eine Wette, und sie kann verloren werden. Aber eine Menschheit, die solche Wetten nicht mehr abschließt, die nicht mehr Kind sein will und auf keinen Fall Don Quijote, wird arm, eng und kalt.

In der Religion hat die Menschheit zuerst das Bedürfnis erlebt und erfüllt bekommen, über sich hinauszuwachsen. Hier hat sie angefangen, die großen Fragen zu stellen: nach Tod und Unsterblichkeit, nach Schuld und Vergebung, nach dem Universum. Seit Urzeiten und überall auf der Welt opfert der Mensch seinen Göttern, baut Altäre und Tempel, empfindet Scheu vor dem Heiligen. Religion gehört zum Kernbestand des Humanen und des Zivilisationsprozesses, sie ist eine Errungenschaft wie der aufrechte Gang, der Gebrauch von Feuer und Werkzeug, wie Sprache, Schrift und kulturelles Gedächtnis. Das sorgenvolle oder dankbare Aufblicken zum Himmel, das Ausgreifen nach dem Höheren ist dem Menschenwesen eigen, seit es gattungsgeschichtlich die Augen aufgeschlagen hat. Als Tier, das über das Wort verfügt, hat die griechische Philosophie den Menschen definiert; man könnte ihn mit ebenso viel Recht das Tier nennen, das betet.

Das ruhelose «Warum?», das Wissenschaft und Philosophie umtreibt, ist am frühesten in der Religion in Erscheinung getreten, und wo immer es bis an die äußerste Grenze getrieben wird, erreicht es wieder religiöse Dimensionen. Von den mathematischen Modellen der Urknall-Forscher führt eine lange, verwickelte, aber niemals abreißende Linie zurück zu den Schöpfungsmythen in der Morgendämmerung der Geschichte, zu den Welteschen, Sintfluten und aus verschütteter Göttermilch entstandenen Sternensystemen – hier wie dort geht es ums Ganze, um die letzten Antworten, um den Ursprung der Dinge. Der Mensch als moralisches Wesen, als Problem, mit dem er selbst nicht fertigwird, hat sich im Konflikt mit den Himmelsmächten entdeckt und entwickelt, beim Sündenfall im Paradies, als der Genuss des verbotenen Apfels Adam und Eva die Erkenntnis des Guten und Bösen brachte; auf dem Sinai, wo Mose von Jahwe die Zehn Gebote erhielt. Noch in den strikt atheistischen Weltanschauungen der Moderne bleibt die Auseinandersetzung mit dem Glauben als maßstabsetzendem Feindbild spürbar, als Goldstandard der Intensität – es sind Antireligionen und Ersatzreligionen, mit Darwin, Marx oder Freud als Propheten und Kultstiftern. Der Verzicht auf die Suche nach dem Absoluten, eine Welt ohne große Wahrheitsansprüche und religiöse Leidenschaften wäre nicht menschenwürdig. Sie wäre der Triumph der Banalität.

Die gesamte Sprache und Gedankenwelt, mit der sich der Mensch dem Großen, Ganzen und Guten zuwendet, ist von Grund auf religiös durchwachsen und durchtränkt. Religion kann die Wirklichkeit kathedralenartig überwölben und überhöhen, aber auch umstürzlerisch über sie hinausdrängen; sie hat Herrscher gesalbt – und Revolutionen beflügelt. Religion ist Fest –

und Alternative. Wir haben uns angewöhnt, in ihr eine niederdrückende und bevormundende Kraft zu sehen, eine Instanz der Denkblockaden und Moralvorschriften. Der Fall Galilei und das Verbot der Pille sind die Muster. Die Enge im Namen des Glaubens gibt es, genauso wie es den Terror im Namen des Glaubens gibt, und beide sind schrecklich. Aber in ihrem Wesen, als menschliches Grundbedürfnis, ist Religion nicht Beschränktheit, sondern Weite. Wer den Vorstellungsballast einer verspießerten Frömmigkeit abwirft, kann einem außer Kurs gekommenen, im Grunde unbenutzbar gewordenen Wort wie «Jenseits» dieses schöne metaphysische Fernweh ablauschen. Die Philosophen nennen es Transzendenz – das Überschreiten.

«Tu deinen Mund auf für die Stummen und für die Sache aller, die verlassen sind.» Das war meine Konfirmationslosung, aus dem Alten Testament, Buch der Sprüche, Kapitel 31, Vers 8. Ich werde den Eindruck nicht los: Darauf wäre der Mensch als reines Erdenwesen nicht gekommen. Es gibt kein Nützlichkeitskalkül, das ihm diese Anweisung gegeben haben könnte. Die Stummen und die Verlassenen sind kein Machtfaktor, nichts, was man aus wohlverstandenem Eigeninteresse in seine Rechnungen einstellen und worauf man Rücksicht nehmen müsste. Der Verstand, die Notwendigkeiten des Überlebens, das soziale Bedürfnis – nichts, womit man eine pur diesseitige Moral begründen könnte, vermag eine solche Forderung hervorzubringen. Dass der Mensch das Unwahrscheinliche, geradezu Unnatürliche tun soll – spricht nicht etwas dafür, dass ihm das von außen und von oben gesagt werden musste? Dieses «von außen» und «von oben», das ist die Religion. Im Sprachgebrauch der Theologie heißt die Sache, von der hier die Rede ist, Offenbarung: Gott redet zu den Menschen. Das klingt sehr fremd und mythologisch. Aber der Kern ist ganz einfach. Er besagt, dass wir das Teuerste und Beste nicht aus uns selbst haben. Es wurde uns geschenkt, auferlegt, anvertraut, wie immer man das eigentümliche Phänomen von menschlicher Empfänglichkeit und geheimnisvoller Urheberschaft bezeichnen möchte.

Dass man für die Stummen das Wort ergreifen und sich auf die Seite der Schwachen schlagen, dass man seinen Nächsten lieben soll: darin steckt etwas Paradoxes. Es lässt sich nicht vernünftig begründen, es ist unbequem, und oft gelingt es nicht. Zugleich ist es das ganz und gar Offensichtliche: Es hören, verstehen und sich darüber im Klaren sein, dass man zu gehorchen hat, sind eins. Das Gebot ist kein Ratschlag, keine Arbeitshypothese, kein Geschmacksurteil, es ist ein Befehl; dass es zutrifft und befolgt werden muss, das weiß man kein bisschen weniger sicher, als dass der Stein, den man hält, zu Boden fallen wird, wenn sich die Hand öffnet. Man weiß es nur anders. Hinter der Aufforderung zum Guten, die gänzlich machtlos zu sein scheint, steht zugleich eine unverbrüchliche, bezwingende Autorität. Man fragt sich, ob man eine dünne Flöte hört oder eine donnernde Orgel. Aber für die Religion ist es jedenfalls kein Tinnitus, keine Einbildung, kein Illusionsgeräusch im Kopf, sondern Musik. Sie dringt von außen an unser Ohr, und irgendwo muss sie gespielt werden und von jemandem.

Die Religionsfragen sind so mit Phrasenmüll zugeschüttet, mit lauter Nebensachen und Sekundärproblemen, dass man erst einmal die Substanz wieder freilegen muss: dass der Glaube ein Urphänomen der Menschheitsgeschichte ist, dass er tief in die Seele des Einzelnen hineinreicht, dass er durch tausend Fäden mit den großen Zusammenhängen unserer Kultur verbunden ist. Davon besteht im Augenblick kaum ein Bewusstsein, umso mehr dafür begegnet man kirchlicher und antikirchlicher Vereinsmeierei. Eine Gesellschaft, in der nur noch eine kleine Minderheit den Gottesdienst besucht, kann sich endlos darüber unterhalten, ob Frauen zu Priestern geweiht werden sollen, ob die Ehelosigkeit der katholischen Geistlichen abgeschafft gehört und ob die Kirche das Recht hat, gegen die Anerkennung homosexueller Lebensgemeinschaften zu protestieren. Es ist ein hochprofessioneller und sterbenslangweiliger Debattierapparat, der mit der Erörterung dieser immer gleichen Gegenstände beschäftigt ist, und man muss ihn abschalten, um fruchtbar über Religion reden zu können. Die Schlüsselwörter eines ernstzunehmenden Religionsgesprächs lauten nicht «Zölibat», «Deutsche Bischofskonferenz» oder «lateinische Messe», sondern «Sünde», «Gott» und «Ewigkeit». Nur von den großen Glaubensfragen her gewinnt das Kirchliche und Kirchenpolitische seinen Sinn, sonst wird es leer und öde, ganz gleich, ob es mit orthodoxer oder «kritischer» Tendenz betrieben wird.

In seiner schlichtesten und grundsätzlichsten Form lässt sich der Streit um den Glauben auf die Frage nach Blindheit und Sehen bringen. Der Religionskritik gilt die Religion als Phänomen der Verblendung. Der Blick des Gläubigen ist getrübt, er hält Phantasien (wie Wunder) für die Wirklichkeit, er ist benebelt vom Fanatismus, den ihm der Ausschließlichkeitsanspruch seines Gottes eingibt. Ob Priesterbetrug, Opium des Volkes oder illusionäre Wunschvorstellung: Religion ist Verlust des Realitätssinns, und man muss sich von ihr befreien, um die Dinge endlich wahrzunehmen, wie sie sind.

Die Gegenthese lautet: Der Glaube sieht nicht weniger, sondern mehr. Es ist mit ihm wie mit der Liebe. Auch von ihr heißt es, dass sie blind macht, und in gewisser Weise trifft das zu. Doch letztlich, in einem tieferen Sinne, ist es umgekehrt: Die Liebe macht sehend, sie entdeckt, was der Gleichgültigkeit ewig verborgen bleibt; nur dem liebevollen Blick enthüllt sich das Wesen des Menschen. Die Liebe kann sich täuschen, aber die Lieblosigkeit ist die viel fundamentalere Unwahrheit: eine Welt ohne Licht, seelische Finsternis. So wäre auch die Religion in ihrem Kern kein Weniger-, sondern ein Mehr-Sehen, eine Offenheit für Überraschung und Geheimnis, ein komplexerer Begriff von Wirklichkeit. Wie der Unterschied von Fläche und Raum, von Schwarzweiß und Farbe.

Sehen wir zu.

KAPITEL 1

DIE VERTEIDIGUNG
DES MENSCHEN

Einmal habe ich vor einem Menschen gekniet. Es war im Frühjahr 2000, auf dem Petersplatz in Rom hatten sich Gläubige und Schaulustige versammelt, zur «Generalaudienz», bei der an jedem Mittwoch Gelegenheit besteht, den Papst, damals Johannes Paul II., zu sehen und zu hören. Durch die Vermittlung eines Kardinals hatten wir einen Platz in der «prima fila» bekommen, der «ersten Reihe» von Besuchern, die am Ende der Veranstaltung dem Papst kurz vorgestellt werden. Wir wurden, nachdem Johannes Paul II. seine Ansprache beendet und die Grüße von Pilgergruppen aus der ganzen Welt entgegengenommen hatte, zu einem thronartigen Sessel geleitet, auf dem Seine Heiligkeit uns erwartete. Man trat einzeln vor, der Papst bekam von einem Prälaten den Namen und die Bewandtnisse des Menschen genannt, der zu ihm geführt wurde, und dann – ja dann muss da ein Bänkchen oder eine Art Brett gewesen sein, auf dem ich mich niedergekniet habe. Ich weiß nicht mehr, ob ich dem Papst den Ring geküsst habe, sicher hat er mir seine Hand auf den Kopf gelegt und mich gesegnet; jedenfalls fand das alles statt, während ich kniete. Ein Fotograf der Vatikanzeitung «Osservatore Romano» stand dabei und hat es dokumentiert, damit wir Prima-Fila-Gäste einen Beweis für unsere Papstbegegnung als Andenken mit nach Hause nehmen konnten.

Das Merkwürdige an diesem Kniefall war: Er war nicht peinlich, erniedrigend oder irgendwie unangenehm. Er war in gewisser Weise unvermeidlich; der damals schon alte und kranke Johannes Paul II. konnte schließlich zur Segenspendung für seine Besucher nicht endlos stehen, und wenn nun einmal gesegnet werden sollte (was der Hauptzweck der ganzen Audienz ist), dann musste man als Segensempfänger seinen Kopf irgendwie auf die päpstliche Brusthöhe bringen, was nur durch Knien zu bewerkstelligen war. Aber das ist nicht der eigentliche Grund für die fehlende Beschämung gewesen. Ich hätte auch vor einem gesunden Johannes Paul II. ohne Bedenken gekniet. Vor der englischen Königin oder einem ganzen Saal voller Nobelpreisträger gewiss nicht. Worin besteht der Unterschied?

Nicht im historischen Rang von Johannes Paul II. Sicher, er war einer der größten Männer des 20. Jahrhunderts; die Befreiung Europas und der Welt vom Kommunismus ist zu einem erheblichen Teil sein Werk. Aber hätte ich, wenn eine Zeitmaschine mich in seine Gegenwart versetzt hätte, vor Winston Churchill gekniet, dem die Menschheit wegen seines Kampfes gegen Hitler mindestens so viel zu verdanken hat? Im Leben nicht. Was war bei der Szene auf dem Petersplatz anders?

Es hatte mit dem Amt des Papstes zu tun. Aber nicht mit seiner Würde, seiner Erhabenheit, seiner Vollmacht. Ich bin nicht katholisch, der Chef dieser Kirche hat mir nichts vorzuschreiben. Für Prunk und Pomp bin ich wenig empfänglich, für den langen geschichtlichen Atem, durch den sich der Katholizismus in seinen besten Zügen auszeichnet, sehr wohl – aber doch hoffentlich nicht so, dass ich deswegen irgendeine Freude an der Unterwerfung entwickeln könnte. Es war vielmehr die religiöse, priesterliche Natur des Amtes, die den Kniefall möglich machte. Der Papst ist nach dem Verständnis seiner Kirche «Stellvertreter Christi», was vielleicht verrückt klingt, aber einen klaren Sinn hat: Er ist nicht als Person wichtig, sondern als Repräsentant; er steht für etwas anderes, für einen anderen – vor dem zu knien keine Schande ist. Vor einem Menschen niederzufallen, ist unwürdig; es verstößt gegen die fundamentale, geschwisterliche Gleichheit, die wir alle miteinander teilen. Doch der Mensch war hier gar nicht gemeint.

Religion ermöglicht Verehrung ohne Scham, Demut ohne Demütigung. Mehr noch: Religion ermöglicht sogar Verehrung, die stolz macht; die nicht bloß nicht erniedrigt, sondern erhöht. In Großbritannien,

in den USA und überhaupt in der englischsprachigen
Welt ist es eine verbreitete Sitte, dass bei Aufführun-
gen von Händels Oratorium «Der Messias» die Zuhörer aufstehen, sobald die ersten Takte des «Halleluja»
erklingen, des triumphalen Chors, mit dem Gottes
Herrschaft und Herrlichkeit gefeiert werden. Die
Ursprünge des Brauchs sind obskur. Angeblich hat
der englische König Georg II. sich bei der Londoner
Erstaufführung des Stücks im März 1743 an dieser
Stelle erhoben, und da die Untertanen nicht sitzen
bleiben konnten, während ihr Souverän stand, schloss
sich der gesamte Saal an. Das hätte sich dann durch
die Jahrhunderte fortgesetzt. Es ist allerdings nicht
dokumentiert, dass der Monarch bei dieser Aufführung
des «Messias» überhaupt anwesend war, erst recht
nicht, dass er aufgestanden ist – und wenn ja, warum:
Vielleicht wollte er Gott oder Händels Kunst die
Ehre erweisen, vielleicht nur seine Beine ausstrecken,
und es gibt sogar die Theorie, dass der schwerhörige
König eingeschlafen war und die lauten Töne, die ihn
überraschend weckten, mit der Nationalhymne ver-
wechselte.

Das Ganze ist jedenfalls ein hochgradig unzeitge-
mäßer, mit höfischen Überresten belasteter Brauch,
und es scheint keinen vernünftigen Grund zu geben,
daran festzuhalten. Nur dass er wunderbarerweise sehr
schön ist. Ein Publikum, das sich beim «Halleluja» erhebt, ist ein majestätischer Anblick, und es macht stolz,

Teil eines solchen Publikums zu sein. Die Musik und das, wovon sie spricht, wirken beflügelnd auf die Zuhörer, sie spüren einen Anhauch von Leben, Kraft und Größe, der sie über sich selbst hinaushebt. Wenn der Bundespräsident einen Raum betritt und die Anwesenden stehen auf, dann ist das ein (kleines, erträgliches) Opfer der eigenen Würde, ein Rest an Untertanenbescheidenheit. Wenn dagegen in der Kirche die Gemeinde aufsteht, dann bezeugt sie, dass der Mensch eine vertikale Dimension hat, dass er Gott Respekt bezeugt, aber dass er auch für das Höchste geschaffen und berufen ist, «capax Dei», gottfähig. Und wenn die Leute am Ende des Weihnachtsgottesdienstes mit voller Lautstärke, unter dem Donner der Orgel, «O du fröhliche» singen (auch das am besten stehend), dann feiern sie ihren Herrn und Erlöser. Doch sie werden nicht schwächer, indem sie die Stärke eines anderen anerkennen, sie werden selbst stärker.

Der österreichische Erzähler Adalbert Stifter hat diesen eigentümlichen Doppelcharakter der religiösen Verehrung in seiner Beschreibung eines grandiosen Naturschauspiels erfasst: der totalen Sonnenfinsternis am 8. Juli 1842 in Wien. Die Beobachtung der Himmelserscheinung könnte Anlass für menschliches Selbstbewusstsein bieten. Die Astronomie hat die Gesetze der Sternenwelt erforscht und kann solche Phänomene auf die Sekunde genau prognostizieren; exakt so ist es eingetreten – ein Triumph des wissenschaftlichen Geistes. Aber viel stärker ist der Eindruck der Schöpfermacht. Nur ist er wiederum mit dem Menschen verbunden. Und zwar nicht so, dass da einfach ein Gegensatz zwischen göttlicher Überlegenheit und menschlicher Zwergenhaftigkeit entstehen würde: das Himmels-Event als niederschmetternder, plattmachender Donnerschlag. Es ist ganz anders: Die Bedeutung des Moments, seine Zeichenhaftigkeit für die Majestät des Weltschöpfers, kommt erst im Wechselspiel mit dem aufblickenden und sich innerlich gerade machenden Menschen richtig zustande. Nicht wegen irgendwelcher objektiver Gründe, so Stifter, ist dies alles eine Manifestation von Gottes Dasein, «sondern darum, weil es euch in diesem Momente euer Herz schaudernd sagt, und weil dieses Herz sich trotz der Schauer als groß empfindet». Ehrfurcht zu verspüren, ist keine Entwürdigung, im Gegenteil. Und dann, wie in Stein gehauen: «Das Tier hat gefürchtet, der Mensch hat angebetet.»

Gott macht den Menschen klein, sagen die Gegner der Religion. Aber das stimmt nicht. Gott macht den Menschen groß und schützt ihn. Wahrscheinlich ist das sogar die wichtigste, die eigentliche Aufgabe der Religion in der Gegenwart: die Verteidigung des Menschen. Der Glaube ist die Bastion des Humanismus.

Der Gott, der am ehesten für kleinmachende Über- und Unmenschlichkeit in Frage kommen könnte, ist Allah. In keiner anderen Religion ist Gott so transzendent, so erhaben und undurchdringlich wie im Islam: so «göttlich». Sein Wille ist absolut, an keine Gesetze gebunden, keiner Rechtfertigung bedürftig. Muslimische Theologen sagen wenig über das Wesen Gottes, nur über seine Befehle; sie müssen einfach befolgt werden. Kritiker aus anderen Religionen, besonders Christen, haben diesen Allah zu einer Art Willkürherrscher erklärt. «Islam» heißt eigentlich «Ergebung», «Unterwerfung»; das klingt wie ein sicheres Rezept für die Geringschätzung und Erniedrigung des Menschen. Er wird offenbar als Untertan eines orientalischen Despoten gedacht.

Stattdessen liest man im Koran, in der 2. Sure, wie Gott am Anfang der Zeiten die Einsetzung eines irdischen Stellvertreters oder Statthalters ankündigt. Die Engel reagieren beleidigt, sie wollen sich nicht in die zweite Reihe drängen lassen und sehen voraus, dass es mit diesem neuen Vorzugsgeschöpf Ärger geben wird: «Willst Du jemanden auf [der Erde] einsetzen, der Unheil auf ihr anrichtet und Blut vergießt – wo wir Dir Lobpreis singen und Dich heiligen?» Gott aber ist nicht davon abzuhalten, den Urmenschen Adam mit seiner Gunst auszuzeichnen. Er offenbart ihm die Namen der Lebewesen, die selbst die Engel nicht kennen, und lässt ihn dann seine frisch gewonnenen Informationen ausbreiten: Die Engel müssen erleben, dass dieses Geschöpf weiß, was sie nicht wissen, dass es privilegierten Zugang zu den Gottesgedanken bekommen

hat. Gott befiehlt ihnen sogar, vor Adam niederzufallen. «Da fielen alle nieder, bis auf Iblis», den Teufel,
«der sich voll Hochmut weigerte.» An der Respekt-
losigkeit gegenüber dem Menschen zeigt sich das Sata-
nische.

Dies, die Größe des Menschen, seine strahlende
Herausgehobenheit, steht am Anfang; sein Absturz,
der Sündenfall (den der Koran ganz nach dem biblischen Vorbild erzählt), kommt erst danach. In der
Genesis, dem 1. Buch Mose im Alten Testament, ist
es nicht anders. Der Mensch ist da nicht nur, als
letzterschaffene und höchste Kreatur, die Krone der
Schöpfung, wie eine berühmt und etwas phrasenhaft
gewordene Formel es ausdrückt. Sondern in einer
geheimnisvollen Wendung behauptet die Bibel eine
eigentümliche, unvergleichliche Nähe zwischen dem
Schöpfer und diesem Geschöpf: «Dann sprach Gott:
Lasst uns Menschen machen als unser Abbild, uns
ähnlich. Sie sollen herrschen über die Fische des
Meeres, über die Vögel des Himmels, über das Vieh,
über die ganze Erde und über alle Kriechtiere auf dem
Land.» Und noch einmal, in pointierter, massiver
Betonung durch Verdoppelung, als müsse diese Fest-
stellung geradezu eingehämmert werden: «Gott schuf
also den Menschen als sein Abbild, als Abbild Gottes
schuf er ihn.»

Es ist nicht leicht zu sagen, was genau hier unter
der Abbildlichkeit des Menschen im Verhältnis zu Gott

verstanden wird. Offenbar die Herrschaft über den Rest der Schöpfung, in der sich die Herrschaft des Schöpfers abglanzhaft spiegelt und wiederholt; der Mensch ist eine Art Vizekönig Gottes im Regiment über Welt und Kreatur. Davon, dass er an der Schöpferkraft Anteil hätte, dass er seinerseits Neues ins Leben rufen könnte, ist nicht die Rede, auch nicht von irgendeiner Geistigkeit, die Gott und Mensch verbinden würde. Aber eine Partnerschaft zwischen den beiden gibt es, eine Beziehung, eine Parallelbiographie, zu der auf dieser ersten Seite der Bibel das Fundament gelegt wird und die sich dann durch ihre Bücher und durch die Zeit hindurch entfalten wird.

«Jedenfalls», hat der Philosoph und Historiker Kurt Flasch bemerkt, «bedeutet die Gottebenbildlichkeit: Gott kann mit dem Menschen reden, kann ihm Befehle geben; der Mensch kann ihn bedienen und ihm gehorchen. Er kann sich Gott verweigern, Gott kann ihn bestrafen und insgesamt mit ihm in Wechselwirkung treten, also mit ihm eine längere Geschichte beginnen.» Der Mensch ist für Gott ein Gegenüber, sie sind einander Ich und Du. Das ganze übrige Universum, das er geschaffen hat, Himmel und Erde, scheint den Schöpfer nach den ersten fünf Schöpfungstagen nicht mehr sehr zu interessieren. Die Menschheit, das Volk Israel, die Bundes-Schlüsse und Bundes-Brüche sind es, die von nun an seine gesamte Aufmerksamkeit und Energie in Anspruch nehmen.

Das ist kein Humanismus in irgendeinem heutigen, modernen Sinne. Die Bibel kennt keine Menschenrechte und keine Menschenwürde; die Sitten der Welt, aus der sie stammt, sind oft barbarisch. Da wird versklavt und herumkommandiert und hingerichtet, und Gott hat offenbar wenig dagegen einzuwenden. Es ist entsetzlich, dass Jesus gegeißelt und gekreuzigt wird – aber kein Wort in den Passionsgeschichten oder irgendwo sonst im Neuen Testament deutet an, dass Folter und Todesstrafe prinzipiell verwerflich wären. Es ist unhistorisch und unredlich, die Errungenschaften einer humanen Zivilisation einfach dem «jüdisch-christlichen Abendland» gutzuschreiben. Sie wurden von der Aufklärung durchgesetzt, im Kampf gegen die herrschenden Autoritäten und nicht zuletzt gegen die Autorität der Kirche.

Trotzdem ist mit der Gottebenbildlichkeit des Menschen etwas Neues und Besonderes in die Welt gekommen – am radikalsten im Christentum, wo Gott Mensch geworden ist, die menschliche Natur angenommen hat. Bei den Theologen der Spätantike und des Mittelalters wird öfter mit einem Appell gespielt, der noch aus dem klassischen griechischen Altertum stammt: Erkenne dich selbst! Das hatte als Inschrift am Tempel des Gottes Apollon in Delphi gestanden, und Sokrates hatte daraus eine philosophische Maxime gemacht: Selbsterkenntnis ist das Ziel des Denkens. Die Stoßrichtung war moralisch und skeptisch gewesen.

Erkenne dich selbst, das hieß: Erkenne deine Grenzen und Schwächen, sei ehrlich, stelle dich deinem Gewissen. Nun aber geschieht, im angeblich niederdrückenden, Demut einbläuenden geistigen Klima des Christentums, das Erstaunliche, dass die Pointe dieser Parole sich umkehrt: «Erkenne dich selbst» heißt für die Kirchenväter nicht, dass der Mensch seine Kümmerlichkeit einsehen soll, sondern seine Glorie: seinen metaphysischen Rang, seine Berufung – als Gottes Ebenbild. Er hat diese Stellung durch die Sünde verspielt, aber eigentlich steht sie ihm zu, und die Erlösung durch Christus gibt sie ihm auch zurück. «Gott, der du die menschliche Würde wundersam begründet und noch wundersamer wiederhergestellt hast …», heißt es an einer Stelle der alten lateinischen Messe.

Man kann die Idee der Gottebenbildlichkeit, da alle diese Bibel- oder Koran-Geschichten und die schönen Theologenthesen natürlich von Menschen geschrieben sind, illusionär und durchgedreht finden: Eine Spezies, die in Wahrheit ein genauso banales Naturprodukt wie Butterblumen und Meerschweinchen ist, adelt sich selbst durch eine fiktive Verwandtschaft mit dem Allmächtigen. Man kann aber auch einen Akt der Selbstachtung darin sehen, einen Schutz, der den Menschen vor genau dieser verächtlichen, destruktiven Meerschweinchenperspektive bewahren soll.

Denn es ist nicht (mehr) leicht für den Menschen, Achtung vor sich selbst zu haben. Das war einmal anders. Es gab eine Zeit, da schien die biblische und theologische Anthropologie überholt zu sein, und ein diesseitiger Humanismus sollte an ihre Stelle treten. Wohl war der Mensch etwas Besonderes, aber das hatte nichts oder nichts Wesentliches mit Gott zu tun. Er verdankte es seiner moralischen Einsicht, der Höhe seines Bewusstseins, der Verfeinerung seiner Kultur, seiner künstlerischen Schöpferkraft. Strahlend, wie mit einem ganzen Sprachorchester, Schiller 1789 in seinem philosophischen Gedicht «Die Künstler»: «Wie schön, o Mensch, mit deinem Palmenzweige / Stehst du an des Jahrhunderts Neige, / In edler stolzer Männlichkeit, / Mit aufgeschloß'nem Sinn, mit Geistesfülle, / Voll milden Ernsts, in tatenreicher Stille, / Der reifste Sohn der Zeit, / Frei durch Vernunft, stark durch Gesetze / Durch Sanftmut groß, und reich durch Schätze, / Die lange Zeit dein Busen dir verschwieg, / Herr der Natur, die deine Fesseln liebet, / Die deine Kraft in tausend Kämpfen übet, / Und prangend unter dir aus der Verwildrung stieg!»

Das ist staunenswert nobel; es gibt keinen Grund, sich darüber lustig zu machen. Aber Staunen bringt die Sache nicht zurück. Das Pathos des Idealismus, auf das die Bildungsbürger des 19. Jahrhunderts ihr Leben gründen wollten, ist historisch verhallt; nicht nur wegen der geschlechterpolitisch inkorrekten «edlen stolzen Männlichkeit». Das Wort «Mensch» gilt nicht mehr automatisch als Ehrentitel. Statt für Humanität steht es dafür, «wozu Menschen fähig sind», vom Massentod in den Schützengräben des Ersten Weltkriegs bis zum Genozid in Ruanda. Es ist nicht länger gewiss, dass die Natur «prangend» unter dem Menschen «aus der Verwildrung» steigt; vielleicht verseucht und ruiniert er sie auch. Der ganze Fortschrittsglaube ist zerstört.

Das ist nicht nur ein Schmerz und eine Gefahr, es ist auch eine Versuchung – die Versuchung zum Zynismus. Es mag eine Erleichterung sein, die ganzen übertriebenen Ansprüche abzuschütteln, die einmal mit dem Menschsein verbunden waren, die Forderungen von Geistesgröße und Brüderlichkeit. Es gibt auch eine Lust am Meerschweinchentum, eine wütende Genugtuung darüber, dass wir bloß ein Evolutionsmachwerk oder ein Triebbündel sind, dass wir nicht besser sein müssen als eine gleichgültige Natur uns gemacht hat. Die eigene Gattung derart nichtig zu sehen, ist nicht einfach wertfreie Erkenntnis, es ist ein willentlicher Zerstörungsakt. Nachdem der Mensch mit seinem Palmenzweig die in ihn gesetzten Erwartungen nicht erfüllt hat, bereitet es wenigstens ein masochistisches Restvergnügen, ihn komplett durchzustreichen.

Mit der Idee der Gottebenbildlichkeit ist ein anderer Humanismus verbunden – weiter zurückreichend, aber weniger veraltet, nicht so achterbahnartig zwischen Hochmut und Verzweiflung auf und ab rasend.

Auf den ersten Blick sieht es wie der Gipfel der Arroganz aus, dem Menschen irgendeine Gottähnlichkeit, Teilhabe am Überirdischen zu bescheinigen. Aber in Wahrheit ist dieser Ansatz viel realistischer und weniger absturzgefährdet. Es ist nämlich keineswegs die bewiesene Großartigkeit des Menschen, von der hier seine Würde abhängt, nicht seine moralischen, ästhetischen oder intellektuellen Leistungen. Im biblischen Modell fehlt gerade die ganze Selbstgratulation, die einen rein weltlichen Humanismus leicht großmäulig macht – und ihn in fatale Widersprüche verwickelt, sobald das angebliche Wunderwesen in die Krise gerät.

Der Mensch der Genesis besitzt nicht die imponierenden Eigenschaften, die Schiller dem Menschen des späten 18. Jahrhunderts zuschreibt. Die Bitterkeit der Schuld, die Erlösungsbedürftigkeit, die Winzigkeit des Geschöpfs trotz seiner gleichzeitigen Größe – das alles findet Platz im selben Weltbild, das so majestätisch von der vizeköniglichen Kreatur redet. In der Bibel staunt der Mensch sogar selbst darüber, dass Gott ihn so wichtig nimmt, wichtiger als den gesamten Kosmos. «Seh ich den Himmel», heißt es in einem Psalm, «das Werk deiner Finger, Mond und Sterne, die du befestigt: Was ist der Mensch, dass du an ihn denkst, des Menschen Kind, dass du dich seiner annimmst?» Dass Adam Gottes Abbild und ihm ähnlich ist, liegt einfach daran, dass Gott es will und sagt. Basta. Es ist keine Errungenschaft, kein Werturteil, sondern ein

Faktum. Adam hat es sich nicht erarbeitet. Er vermag es aber auch nicht zu verspielen. Die Gottebenbildlichkeit des Menschen ist unverdient und unwiderruflich.

Das heißt allerdings auch: Er kann sie nicht wegwerfen und darf nicht versuchen, es zu tun. Die Würde, die er sich nicht ausgesucht hat, verpflichtet ihn; der Zynismus ist unerlaubt – eine Sünde. Die Gottebenbildlichkeit lässt sich, nüchtern gesprochen, in ein hermeneutisches Prinzip übersetzen, in einen Verständnisschlüssel, eine Suchrichtung für die Deutung des Menschen: in ihm im Zweifel eher mehr zu vermuten als zu wenig, etwas Unausgeschöpftes, einen Überschuss. Es ist nichts Unwürdiges an der Beschreibung, dass der Mensch ein Produkt der Evolution ist, dass seine Geschichte von sozialökonomischen Prozessen angetrieben wird und sein Denken sich neurobiologisch erfassen und beschreiben lässt. Aber die Vorstellung, dass damit alles gesagt sei, dass der Mensch «nur» dies ist oder «nichts als» jenes: das ist der Sündenfall. Das ist Verrat an der Himmelsgabe.

Es kann ja auch in Wahrheit niemand so von sich selbst denken. Auch wer seine Empfindungen laut seiner offiziellen Weltanschauung für eine Art chemischen Vorgang hält, ist wirklich glücklich oder unglücklich, wenn er sich verliebt. Er wird seine Gefühle nicht bloß real, sondern kostbar finden; es ist unmöglich, dem eigenen Seelenleben wie einem unpersönlichen, von Naturgesetzen beherrschten Experiment zu-

zuschauen. Man könnte auch sagen: es ist unmenschlich. Genauso wie es barbarisch ist, in einer griechischen Tragödie «nur» einen Ausdruck der antiken Sklavenhaltergesellschaft zu sehen oder in einer Mozart-Oper «nichts als» ein Stück Überbau des Feudalismus, vielleicht mit ein paar bürgerlich-revolutionären Einsprengseln. Es gibt bei allem Menschlichen immer einen Rest, etwas, das sich nicht wegerklären oder in den Griff bekommen lässt.

Dass der Mensch als Gottes Ebenbild verstanden wird, ist eine letzte, höchste Garantie für diesen unauflöslichen Rest. Es soll die geistigen und praktischen Vergewaltiger des Menschen abschrecken. Das Wesen Gottes und das Wesen des Menschen spiegeln sich ineinander, bedingen einander, stützen sich gegenseitig. Man kann den Menschen nicht vollständig ergründen, so wenig wie man Gott vollständig ergründen kann. Der Schöpfer hat seinem Geschöpf Anteil an der eigenen Unauslotbarkeit gegeben; es kann sprechen, handeln und (bis zu einem gewissen Grad) schaffen, es kann lieben und verzeihen, es ist frei, nicht festgelegt, voller unabsehbarer Möglichkeiten. Der Mensch ist ein Geheimnis. Wir sehen in ihm Gottes Ebenbild, das heißt so viel wie: Wir respektieren dieses Geheimnis. Ohne den Schutz des religiösen Tabus wird der Mensch berechenbar für die Wissenschaft, kontrollierbar für die Macht, eine Funktion der biologischen, psychischen und sozialen Realität. Warum nicht versuchen, ihn zu dressieren, zu verbessern oder abzuschaffen? Der geheimnislose Mensch ist der verfügbare Mensch.

Man könnte auch sagen: Er ist nicht mehr heilig. «Heilig» ist gleichfalls so ein rätselhaftes, poetisches, scheinbar antiquiertes Wort wie «Geheimnis». Doch tatsächlich ist es sehr präzise. «Heilig» heißt in der Welt der Religionen, was zu Gott oder den Göttern gehört. Der Tempel ist ein heiliger Bezirk, das Wasser für die rituelle Waschung wird aus einer heiligen Quelle geschöpft, der Priester versieht ein heiliges Amt. In diesem genauen Sinn konstituiert es Heiligkeit, dass der Mensch nach dem Bild und Gleichnis Gottes geschaffen ist. Man mag zweifeln, wie groß und gut er ist, und ganz gewiss ist er nicht vollkommen. Aber etwas an ihm ist heilig – es ist nicht von dieser Welt, sondern von einer anderen. «Ich habe dich bei deinem Namen gerufen», heißt es beim Propheten Jesaja, «du bist mein.» Diese besondere Zugehörigkeit unterscheidet den Menschen von allen Dingen, Lebewesen und dem Kosmos insgesamt; sie setzt ihn in eine eigene Kategorie.

Noch heute, in einer weitgehend säkularisierten Gesellschaft, wird von der Heiligkeit der menschlichen Person als Grundlage der Menschenrechte und der Menschenwürde geredet. Man kann offenbar kaum anders, als für den letzten Schutz der Humanität auf ein religiöses Motiv zurückzugreifen. Das ist die Ausdrucksweise, in der die Kultur über die großen Fragen redet: Wenn sie ihren Mund auftut und das Allerwichtigste sagt, spricht sie die Sprache des Glaubens.

Diese gesamte theologische Anthropologie, die heute so fremd wirkende Art, das Menschliche durch das Göttliche zu bestimmen, ist nicht etwa eine biblisch-christliche Spezialidee, nicht einmal exklusiv religiös im engeren Sinne. Sie ist die reichste und ehrwürdigste Tradition des Nachdenkens über den Menschen überhaupt. Die Philosophie hat sich jahrhundertelang an dem Problem abgearbeitet, dass etwas in uns nicht einfach Natur ist, dass es über uns hinausreicht und hinausweist. Der Name für dieses Etwas war «Seele», und bis heute hat man keinen besseren gefunden. Platon hat in der Seele ein göttliches Element angenommen, eine Art himmlischen Fremdkörper, der dahin zurückwill, wo er herkommt. Daher die Sehnsucht nach dem Wahren, Guten und Schönen, das menschentypische Verlangen, alle Grenzen zu überschreiten, das existenzielle Fernweh. Es ist aus dieser Sicht eigentlich Heimweh.

Der Mensch übersteigt unendlich den Menschen, hat der christliche Denker Blaise Pascal im 17. Jahrhundert notiert; er ist ein Nichts, ein Wurm, eine aus der Bahn geratene Kreatur – und reicht zugleich bis an die Sterne und über die Sterne hinaus. Das ist das Menschenbild der Religion. Wollen wir das wirklich vergessen, uns davon verabschieden? Wer es aufgibt, macht einen schlechten Tausch.

Für diesen Verlust allerdings sind nicht nur die Gegner der Religion verantwortlich, sondern auch die Religionen selbst. Das Gesicht, das sie zeigen, ist mitnichten immer inspirierend und human. Oft lässt es vielmehr kalt. Und oft macht es sogar Angst.

KAPITEL 2

DIE NEUE GOTTESFURCHT

Als ich Aatish Taseer kennenlernte, lebte sein Vater noch. Ich besuchte den Sohn im Spätherbst 2010 in seiner eleganten Junggesellenwohnung in Neu-Delhi, sein Koch hatte ein köstliches Mittagessen zubereitet, und Aatish konnte man nur bewundern: jung, gut aussehend, gebildet, kosmopolitisch, von Kopf bis Fuß «Elite», so, wie man es im Westen gar nicht mehr sein kann, in Indien aber schon. Er hatte in London gelebt und war mit Ella Windsor liiert gewesen, einem Mitglied des britischen Königshauses in mittlerer Entfernung vom Thron (Nr. 36 in der Nachfolgeliste der Königin); die beiden hatten sich getrennt, als er in seine Heimat zurückkehren und sie nicht mitgehen wollte.

Aatishs Mutter war Inderin, eine prominente Journalistin, aus der Religionsgemeinschaft der Sikhs. Sein Vater, Muslim, stammte aus Pakistan und war nach der kurzen Affäre mit Aatishs Mutter dahin zurückgekehrt; er hatte dort eine bedeutende politische Karriere gemacht. So eine Herkunft war Sensation und

Skandal: eine heimliche, verbotene Liebesgeschichte über die Grenze zweier tödlich verfeindeter Nachbarländer hinweg, an deren Ende der Vater auf Nimmerwiedersehen aus dem Leben seines Sohnes verschwunden war. Zwei Atommächte, die einander bedrohen; die verschiedenen, oft blutig zerstrittenen Religionen Südasiens: Aatish hatte das alles in seiner Familie.

Vor ein paar Jahren, als junger Erwachsener, hatte er sich entschlossen, den unbekannten Vater endlich kennenzulernen und ihn in Pakistan zu besuchen. Ebenso unbekannt wie der Vater war dem Sohn die Religion des Vaters gewesen, der Islam, dem Aatish selbst auf dem Papier angehörte, ohne wirklich zu glauben oder viel über den Glauben zu wissen. So hatte er vor seinem Besuch beim fremden Vater eine lange Reise durch die fremde muslimische Welt unternommen, von Istanbul über Damaskus und die heilige Stadt Mekka in den Iran und dann nach Pakistan. Darüber hatte er ein Buch veröffentlicht, und dieses Buch hatte mich neugierig auf ihn gemacht.

Der Reisebericht ist wunderbar geschrieben, aufmerksam und warm im Ton, wenn von den Menschen die Rede ist, denen der Autor begegnet. Dennoch gefiel mir etwas nicht daran, wie Aatish Taseer den Islam behandelte – wie eine Art Krankheit, der die Völker dieses krisengeschüttelten Kulturkreises verfallen sind. In Damaskus hatte Aatish die aufgeputschte Gewaltbereitschaft erlebt, mit der die Massen auf die Veröffentlichung einiger anstößiger Mohammed-Karikaturen in einer dänischen Zeitung reagierten. Er hörte berühmte Muftis predigen, deren Wirken angeblich ein Bollwerk gegen Fanatismus und Militanz darstellte, die vor ihren Zuhörern aber selbstmitleidige Verschwörungstheorien über die feindliche Umzingelung der muslimischen Welt entwickelten. Im Iran geriet Aatish ins Visier des paranoiden Staatsapparats der Islamischen Republik. Selbst sein im Grunde ungläubiger, whiskeytrinkender und schweinefleischessender Vater in Pakistan war voller Ressentiment gegen den Westen und aggressiv stolz auf eine muslimische Identität, die er in Wahrheit gar nicht besaß.

Aatish war davon allergisch geworden nicht nur gegen den Islam, sondern gegen Religion überhaupt; er ärgerte sich darüber, dass vor allem in den USA immer in respektvollem Ton von «people of faith» die Rede war, als sei Glaube an sich etwas Gutes, Achtunggebietendes. New York stritt damals darüber, ob in Manhattan, ein paar Blocks von «Ground Zero» entfernt, dem Schauplatz der Anschläge vom 11. September 2001, ein islamisches Kulturzentrum errichtet werden sollte. Alle guten Liberalen verteidigten das Projekt gegen die Proteste von rechts, aber Aatish hatte Verständnis für die angeblich bornierten Islamkritiker. Er traute den muslimischen Funktionären und Geistlichen nicht, selbst wenn sie «moderat» auftraten. Er traute der Religion überhaupt nicht.

Mich überzeugte das nicht. Die fremdenfeindlichen Spießer, die in Amerika oder Europa den Bau von Moscheen oder Minaretten verhindern wollten, konnte man doch wirklich nicht unterstützen. Mir schien, dass Aatishs Religionsbild klischeehaft war, weil ihm das alles letztlich fremd blieb und er sich in die Welt des Glaubens nicht hineinversetzen konnte. Er war vielleicht auch nicht ganz frei von dem Hochmut, mit dem die Gebildeten und Fortschrittlichen manchmal auf ihre rückständigen frommen Landsleute hinabblicken. So hat die säkulare Elite der Türkei lange die gläubigen Muslime im Hinterland verachtet – und tut es im Grunde immer noch. So schütteln sich die Linksliberalen in New York oder San Francisco beim Anblick der primitiven Christen im «Bible Belt». Aufklärung als Klassendünkel. Das passte mir nicht.

Ich versuchte dagegenzuhalten: dass es in Europa wirklich eine hässliche Islamophobie gab. Dass Glaube doch tatsächlich eine Kraft zum Guten sein könne. Aber weit bin ich damit nicht gekommen. Aatish hatte echte Erfahrungen mit den Zerstörungen und Verwirrungen, die Religion anrichten kann; wer war ich, ihm das auszureden? Er hatte jedes Recht auf seine Sicht der Dinge. Ich war trotzdem sicher, dass er es sich zu einfach machte. Wir haben dann über anderes gesprochen. Und ich war umso überzeugter von einer Idee, die ich schon mitgebracht hatte: Ich wollte Aatishs Vater Salman Taseer in Pakistan aufsuchen, in Lahore, wo er jetzt als Gouverneur der Provinz Punjab lebte. Ein Stück über Vater und Sohn würde ein interessanter Artikel werden.

Dazu ist es nie gekommen. Ich konnte nicht gleich nach Lahore fahren, sondern musste erst nach Hause zurück; auch können Gespräche mit pakistanischen Gouverneuren, die man nicht kennt, nicht einfach von heute auf morgen aus einem indischen Hotelzimmer organisiert werden. Es gab ja im Übrigen keine Eile. Aber darin hatte ich mich getäuscht. Keine zwei Monate nach meinem Besuch bei Aatish, Anfang Januar 2011, wurde sein Vater Salman Taseer ermordet, am helllichten Tag vor einem schicken Café in der Hauptstadt Islamabad, erschossen von einem seiner eigenen Leibwächter. Es war ihm zum Verhängnis geworden, dass er sich gegen das pakistanische «Blasphemiegesetz» und für die Rechte religiöser Minderheiten eingesetzt hatte. Eine einheimische Christin war wegen Missachtung des Propheten Mohammed zum Tode verurteilt worden, und Taseer hatte für sie Partei ergriffen. Für seinen Mörder, den frommen Elitepolizisten aus der Personenschutz-Einheit, war der Gouverneur damit selbst zum Feind des Islams geworden. Ihn zu töten, war nicht nur gerechtfertigt, sondern religiöse Pflicht. So sah es der Schütze, und verstörenderweise schien es das halbe Land ebenso zu sehen. Als der Täter nach seiner Verhaftung vor Gericht erschien, wurde er von Bewunderern mit Rosenblättern bestreut – darunter nicht nur irgendwelche verrückten Eiferer, sondern respektable Anwälte.

Salman Taseer, in dem sein Sohn trotz aller play-boyhaften Freigeisterei noch viel zu viel von der «mus-limischen Krankheit» gefunden hatte, war dem isla-mischen Terror, dem religiösen Fanatismus zum Opfer gefallen. Es war, von der gespenstischen Ironie und persönlichen Tragik abgesehen, eine grausame Bestä-tigung der Sorge und des Widerwillens, mit denen Aatish Taseer die Welt des Glaubens betrachtete. Die Religion als Quelle der Verklemmtheit, des Hasses und der Gewalt: genau das hatte er während seiner Orientreise gespürt, und genau das war jetzt in Er-füllung gegangen, an seinem eigenen Vater. Und ich hatte bei ihm im Wohnzimmer gesessen und seine Re-ligionskritik für Snobismus und geistige Bequemlich-keit gehalten.

Man darf es sich mit der Ehrenrettung der Religion nicht zu einfach machen. In den Augen vieler ist der Glaube etwas ganz anderes als eine kostbare Errun-genschaft und ein Instrument der Verteidigung des Menschen. Er scheint viel eher menschenfeindlich zu sein. In der westlichen Welt treten die Geistlichkeit und das fromme Milieu als Miesepeter vom Dienst auf. Sie halten die moderne Gesellschaft für sittlich fragwürdig, beklagen bei jeder Gelegenheit Werteverfall und Materialismus, und wenn die Leute mit Halloween ihren harmlosen Spaß haben wollen, stellt sich garantiert irgendein Landessuperintendent auf die Kanzel und erklärt, man solle stattdessen lieber den Reformationstag feiern. Woher die Dreistigkeit, das Publikum derart anzupredigen und ihm vorzuhalten, wie es leben soll, ungefragt und penetrant, als machten normale Zeitgenossen sich keine Gedanken und hätten kein Gewissen? Mit welcher Autorität wird hier eigentlich geredet, wie kommt man dazu, mit solcher Anmaßung aufzutreten? Die Glaubenswelt ist ein System, in dem unverheiratete alte Männer jungen Ehepaaren erklären, was sie im Bett zu tun und zu lassen haben und Milchbärte im Talar, die noch nie ein Gewehr in der Hand gehalten oder einen Krieg erlebt haben, genau wissen, was in Afghanistan zu geschehen hat.

In anderen Weltgegenden sind die Gründe für das Misstrauen gegen die Religion viel massiver. Da geht es nicht um Lästigkeit, sondern um Zerstörung. Durch Geschichten wie die der Familie Taseer zieht sich eine wahre Blutspur des Glaubens. Und das geht nicht bloß den Islam an. Das Schicksal von Aatishs Vater mag auf die meisten Europäer exotisch wirken. Vielleicht aber auch im Gegenteil gerade typisch – typisch für den Irrsinn, zu dem die Gottesidee den Menschen anzustiften vermag. Man täuscht sich, wenn man den Terrorismus und seine Folgen nur für das Problem einer einzelnen religiösen Kultur hält; er ist radioaktiv, er strahlt auf das Bild des Glaubens überhaupt aus.

Schon können wir das Wort «Märtyrer» kaum mehr im Sinne der christlichen Tradition hören, wie es noch vor zwanzig Jahren selbstverständlich gewesen wäre. Märtyrer sind Menschen, die ihr Leben für ihren Gott hingeben, die sich weigern, Götzen anzubeten oder ihren Glauben zu widerrufen, die sich selbst opfern, um das Gute oder die Wahrheit zu verteidigen. Menschen wie Stephanus, der in Jerusalem für sein Bekenntnis zu Jesus Christus gesteinigt wurde – oder wie Pater Maximilian Kolbe, der in Auschwitz im Hungerbunker den Platz eines Mitgefangenen, eines Familienvaters, einnahm. Es sind Helden und Heilige des passiven, gewaltfreien Widerstands, die den Tod in Kauf nehmen, aber nicht leidensgierig suchen und schon gar nicht anderen den Tod bringen – Märtyrer sind keine Terroristen; sie opfern ihre Existenz, aber eben nur *ihre* Existenz. Das ist fast vergessen. Stattdessen haben wir jetzt «Märtyrervideos» von Selbstmordattentätern vor Augen, die sich als menschliche Bomben zur Verfügung stellen und dafür den Lohn ewiger Seligkeit erwarten, mit den berüchtigten siebzig Jungfrauen als Hauptpreis. Der Dschihadist, der andere mit sich in den Tod reißt, hat den «Blutzeugen» (wie der altmodische Ausdruck lautet) verdrängt, der bis zum eigenen Tod auf seinem Glauben besteht.

Das ist die Dynamik, mit der der Wahnwitz die Definitionsmacht über ein jahrtausendealtes, existenzielles Menschheitsphänomen an sich reißt. Nirgends sonst scheint der Glaube so glühend zu sein wie bei den muslimischen Fanatikern, und damit sind sie auf einmal der Maßstab dafür, was das ist: Glaube. Glaube scheint an sich unheimlich und gefährlich zu sein, und an Leuten wie dem Mörder von Salman Taseer erkennt man das nur am klarsten. Der Terror zeigt uns, was der Islam ist, und der Islam zeigt uns, was die Religion ist. Seit dem 11. September 2001 wird auch über das Christentum anders geredet, wieder über Kreuzzüge und Hexenverbrennungen, über die vernagelten Evangelikalen als Gesinnungsgenossen der vernagelten Islamisten. Und beim Judentum geht es jetzt weniger um weise und humorvolle Rabbis, mehr um finstere Siedler, die dem Frieden zwischen Israelis und Palästinensern im Wege stehen. Das ist die neue Gottesfurcht: Die moderne Gesellschaft hat keine Angst mehr vor Gott, aber vor den Gottesfürchtigen.

Ein britisches Meinungsforschungsinstitut hat kürzlich eine internationale Erhebung zu der Frage vorgelegt, ob Religion eine Kraft zum Guten in der Welt sei. In Frankreich, Großbritannien und Belgien lagen die Ja-Voten unter dreißig Prozent, in Italien, dem Gastland des Papstes, bei fünfzig Prozent. Überwältigende Zustimmungsraten für die moralische Qualität des Glaubens, über neunzig Prozent, wurden in Indonesien und Saudi-Arabien festgestellt. Eben, da sieht man es ja, würde die Zweidrittelmehrheit europäischer

Religionsskeptiker dazu wahrscheinlich bemerken: Glaube ist etwas für rückständige Spinner und Bombenleger in einer anderen Welt.

Wenn im Fernsehkrimi ein Kloster auftaucht, ist dem Zuschauer gleich klar, dass hinter den Mauern etwas verheimlicht oder vertuscht wird; der Sektenführer bereichert sich im Film immer selbst, und der strenge protestantische Pfarrer auf einer einsamen schwedischen Ostseeinsel hängt irgendwelchen Blutritualen an. Auch der Thriller weiß: Religion tötet. Die Bestseller von Dan Brown, in denen Christentum und Kirche als monströse Verschwörungen erscheinen, sind weniger wegen ihres Sensations- und Offenbarungscharakters bemerkenswert als umgekehrt wegen ihrer Plausibilität: genau so haben sich die Leser den Vatikan und alles, was damit zusammenhängt, offenbar immer schon vorgestellt. Entweder die Frommen sind es nur zum Schein, während sie in Wahrheit wie alle anderen (sogar mehr als die anderen) hinter Macht, Geld und Sex her sind. Oder sie sind ehrlich und meinen es ernst, was die Sache noch schlimmer macht – denn dann sind sie rücksichtslose Eiferer. Religion ist entweder Heuchelei oder Fanatismus.

Und wirklich gehören Intoleranz und Gewalt zum ältesten Erbe der Religion. Wir schlagen die Bibel auf, 5. Buch Mose, Kapitel 7. Gott spricht zum Volk Israel und gibt ihm Anweisungen für den Einmarsch in Kanaan: «Wenn der Herr, dein Gott, dich in das Land geführt hat, in das du jetzt hineinziehst, um es in Besitz zu nehmen, wenn er dir viele Völker aus dem Weg räumt – Hetiter, Girgaschiter und Amoriter, Kanaaniter und Perisiter, Hiwiter und Jebusiter, sieben Völker, die zahlreicher und mächtiger sind als du –, wenn der Herr, dein Gott, sie dir ausliefert und du sie schlägst, dann sollst du sie der Vernichtung weihen. Du sollst keinen Vertrag mit ihnen schließen, sie nicht verschonen und dich nicht mit ihnen verschwägern. Deine Tochter gib nicht seinem Sohn und nimm seine Tochter nicht für deinen Sohn! … So sollt ihr gegen sie vorgehen: Ihr sollt ihre Altäre niederreißen, ihre Steinmale zerschlagen, ihre Kultpfähle umhauen und ihre Götterbilder im Feuer verbrennen. Denn du bist ein Volk, das dem Herrn, deinem Gott, heilig ist.»

Das soll ein heiliger Text, «Gottes Wort» sein? Tatsächlich sind die heiligen Bücher vieler Religionen voll von solchen Geschichten. Besonders verstört die Gründlichkeit, mit der hier Zerstörung gepredigt wird – und das reine Gewissen, mit dem es geschieht: Sei böse, weil du der Gute bist. Offenbar hängt das eine mit dem anderen zusammen. Glaubenskriege sind besonders unbarmherzig, weil es im Kampf zwischen Licht und Finsternis keinen Raum für Kompromisse gibt; wer da Ausgleich und Verständigung sucht, begeht schon Verrat und hat der Dunkelheit Einlass in seine Seele gewährt. Die Kirche hat gegen Ketzer wie die Albigenser, die im Mittelalter in Südfrankreich der päpstlichen Autorität trotzten, regelrechte Ausrottungsfeldzüge geführt, mit einem Vernichtungswillen, den wir mit den Geschichtsverbrechen des 20. Jahrhunderts verbinden. Der Dreißigjährige Krieg zwischen Protestanten und Katholiken von 1618 bis 1648 hat ganz Deutschland verwüstet und traumatisiert, mit einer Verheerungskraft, die kein weltlicher, bloß macht- und ruhmsüchtiger Feldherr wie Friedrich der Große oder Napoleon entfesselt hat. Kein Menschenhass scheint so groß zu sein wie jener, der sich aus der Gottesliebe speist.

Eine verlogene christliche Ideologie hat die Härte und das Gewaltpotenzial der Religion lange vom eigenen Glauben weg und auf das Judentum projiziert. Bibelstellen wie die zitierte wurden als Ausdruck einer angeblichen alttestamentlichen Vergeltungsmentalität interpretiert, während das Evangelium das Prinzip der Liebe verkörpern soll. Nur sind von den Vertretern der Liebesreligion Christentum im Laufe ihrer Geschichte ganz andere Mengen an Menschen getötet worden als bei irgendeiner Eroberung Kanaans umgekommen sein können – und gerade Juden gehörten zu den bevorzugten Opfern. Ein historisch marginalisiertes, unterdrücktes Volk zum Repräsentanten des Rachegedankens zu erklären und dann im Namen von Gnade und Barmherzigkeit zu verfolgen und zu massakrieren, das ist ein besonders perfides Beispiel für die Schreckensdimension des Glaubens.

Warum wirkt die Religion so furchterregend? Es hat mit einem doppelten Schock zu tun. Den einen könnte man den anthropologischen nennen. Er gilt dem Entsetzen, was Religion aus Menschen zu machen vermag und was sie über den Menschen verrät. Eine Instanz, die behauptet, der Menschheit den Unterschied von Gut und Böse beigebracht zu haben, ist imstande, Gut und Böse vollkommen zu verwirren, zu verdrehen, umzukehren. «Fanatismus» ist im Grunde ein zu matter Ausdruck für die hier wirkenden Energien, es geht nicht einfach um Eifer, es geht um Perversion. Der freundliche amerikanische Vorstadtbürger mittleren Alters, der plötzlich in den Abendnachrichten als Mörder eines Abtreibungsarztes auftaucht, der Einwandererjunge in einer europäischen Metropole, der die Bierdose wegstellt, sich einen Bart stehen lässt, an den Hindukusch ins Terrorcamp fährt und nach seiner Heimkehr einen Bus in die Luft sprengt – das sind uns unbegreifliche Figuren. Nicht dass sie Gangsternaturen Deckung für ihre Brutalität verschafft (das gibt es auch), sondern dass unter ihrem Eindruck normalen, sympathischen Menschen das Verbrechen auf einmal als höchste Pflicht erscheint, macht den moralischen Skandal der Religion in ihrer Extremgestalt aus. Der Mörder von Salman Taseer hatte nicht bloß keine Schuldgefühle – er hätte höllenhaft quälende Schuldgefühle gehabt und sich verworfen gefühlt, wenn er *nicht* zum Mörder geworden wäre.

Man kann sich nicht damit herausreden, das seien pathologische Fehlentwicklungen des Glaubens, nicht typisch für die Sache selbst. Sondern etwas «Unnatürliches» gehört zum Wesen der Religion. Ist es «normal», sich lieber den Löwen zum Fraß vorwerfen zu lassen, als dem Kaiser ein kleines, harmloses, symbolisches Opfer zu bringen, als guter römischer Staatsbürger? Wenn Jesus seinen Jüngern befiehlt, alle Brücken zum gewohnten Leben abzubrechen, «Vater und Mutter zu verlassen um meinetwillen», fordert er einen ungeheuerlichen Bruch mit der hergebrachten Ethik. Der Schweizer Einsiedler Nikolaus von Flüe hat seine Familie verlassen, um sich ganz dem Gebet und der Versenkung in Gott zu widmen – die Kirche hat ihn heiliggesprochen, aber seine Kinder hätten wahrscheinlich lieber ihren Vater behalten. Es gibt ein inhumanes Potenzial in der Religion, die Tendenz, sich um eines Größeren und Anderen willen über die Gebote der Menschlichkeit hinwegzusetzen. Man kennt etwas Ähnliches aus dem Kommunismus. Treue Genossen haben Freunde, Kinder, Eltern an Stalins Geheimpolizei verraten, um ihrer Weltanschauung die Ehre zu geben, und die Richtungskämpfe zwischen rivalisierenden Parteiströmungen waren dogmatisch und unerbittlich wie der Streit zwischen verfeindeten kirchlichen Fraktionen um die Rechtgläubigkeit. Aber das ist vorbei, der Kommunismus ist tot, eine abgeschlossene Geschichte. Die Religion, gerade der religiöse Extremismus, ist lebendig.

Und das ist der zweite Schock, der hinter der Religionsangst steckt: der historische. Die Zeit der Religion sollte abgelaufen sein. In Europa sind die Kirchen leer, die Gläubigen alt, die Priester wenige – das hatte man für einen unumkehrbaren geschichtlichen Prozess gehalten. Über Jahrhunderte haben die Menschen um ihre Befreiung von theologischen Doktrinen gekämpft, die Drehung der Erde um die Sonne entdeckt, ihre Abstammung aus dem Tierreich festgestellt und die Pille erfunden – immer gegen die Kirche, am Ende erfolgreich. Die reichen Klöster und Bistümer wurden enteignet, die Geistlichen aus den Schulen vertrieben und durch Staatsbeamte ersetzt. Die Aufklärung hat den Sieg der Vernunft über das Dogma gebracht, die Wissenschaft die Religion als höchste geistige Autorität abgelöst. Statt um Verschonung vom Unwetter zu beten, werden Blitzableiter aufs Dach gestellt; man geht nicht mehr zur Beichte, sondern zur Therapie. Und zur Erbauung nicht länger in den Gottesdienst, sondern ins Museum oder ins Konzert – für die Gebildeten war die Kunst schon im 19. Jahrhundert als feierliches und spirituelles Erlebnis an die Stelle der Religion getreten.

Dass der Glaube seine weltprägende Kraft und seine Macht über die menschliche Seele eingebüßt hat, ist eine der dramatischsten, tiefgehendsten Entwicklungen der letzten Jahrhunderte. Auf unserem Kontinent hat sie jeden Winkel erreicht, wie die Scheidungsraten und Abtreibungszahlen in einst soliden katholischen Ländern wie Spanien und Irland zeigen. Kirchengebäude werden abgerissen oder «umgenutzt», als Kulturzentrum, Gourmetrestaurant oder architektonisches Gehäuse für eine Kletterwand, mit Dusch- und Umkleidegelegenheit in den Seitenschiffen. Was Dutzenden von Generationen als Sakrileg gegolten hätte, ist zum natürlichen Ausdruck einer neuen demographischen und mentalen Wirklichkeit geworden.

Die Geschichte des Christentums in der europäischen Neuzeit ist eine Geschichte des Niedergangs, der Schrumpfung und des Bedeutungsverlusts. Bestenfalls der Privatisierung und Moralisierung, der Verwandlung in ein zahmes Haustier des Gefühlslebens. Ein bisschen Sittenpredigerei rechts, ein bisschen Sozial- und Friedensrhetorik links, das musste, wenn man die Trends hochrechnete, die unausweichliche, kümmerliche Zukunft der Religion in der modernen Gesellschaft sein. Man weiß zwar, dass keine Errungenschaft des Fortschritts in Beton gegossen ist, nicht die Demokratie und nicht die Humanität; grässliche Rückfälle in die Barbarei hat das 20. Jahrhundert erlebt. Aber dies eine wenigstens schien doch unerschütterlich festzustehen, für Gut und Böse, da waren sich die Freuds und die Lenins einig (und sogar Hitler): dass es mit Gott zu Ende ging.

Nur dass es sich als falsch erwiesen hat. Die überholte und erledigte Religion ist wieder da: von Kairo bis Kentucky und in Kreuzberg auch. Ein ehernes Gesetz der Geschichte scheint gebrochen. Nach der Logik der Säkularisierung sollte die Zukunft immer diesseitiger sein als die Vergangenheit, die Jungen weniger fromm als die Alten. Jetzt zeigt sich, dass das nicht zutrifft. Für George Bush senior spielte das Christentum im Leben und in der Politik bestenfalls eine Nebenrolle, sein Sohn dagegen war der gläubigste Präsident, den die Vereinigten Staaten seit Generationen hatten. Es gibt die Immigrantenfamilie, in der die Tochter den Schleier wieder anlegt, von dem sich ihre Mutter längst verabschiedet hatte. Wenn wenigstens in allen Fällen ein herrischer Vater oder Bruder dahinterstünde, irgendeine nachweisbare Form von Druck oder Propaganda. Oder wenn solche Frauen in der Regel etwas beschränkt wären. Doch so ist es nicht. Offenbar kommt das wirklich vor: der freiwillige Rückfall intelligenter, gut ausgebildeter Menschen in den Glauben, nicht nur als individuelles Phänomen, sondern als historische Tendenz.

Man muss sich klarmachen, was für eine Verunsicherung und Kränkung die Renaissance der Religion bedeutet: die Wiederkehr des Verdrängten, die rächende Auferstehung von etwas Totgeglaubtem. Läuft die Geschichte rückwärts? Man kann ihr jedenfalls nicht mehr trauen. Das ist eine echte Provokation, ein Trauma für den Fortschritts- und Aufklärungsglauben.

Aber das ist noch nicht alles. Die Beunruhigung durch die Religion ist damit nicht ausgeschöpft. Es geht nicht bloß um die Furcht vor der Gewalt und der gespenstisch wiederbelebten Macht des Glaubens. Sondern um eine noch tiefere Angst.

KAPITEL 3

DIE ANGST VOR DER WAHRHEIT

Der CDU-Politiker Jürgen Rüttgers, ein harmloser rheinischer Katholik, ist ein unwahrscheinlicher Kandidat für die Rolle des religiösen Fanatikers. Doch ist er vor einigen Jahren, als er sich für das Amt des nordrhein-westfälischen Ministerpräsidenten bewarb, unter genau diesen Verdacht geraten. Die Episode war aufschlussreich, ein kostbarer kleiner Schlüsselmoment der deutschen Gegenwart. In einer Talkshow war Rüttgers vom Moderator Michel Friedman zu einer Papst-äußerung befragt worden, nach der der Katholizismus den anderen Kirchen und Religionen überlegen sei. Wie er, Rüttgers, denn dazu stehe? Nach einigem unbehaglichen Hin und Her, in dem sich wahrscheinlich schon die Ahnung drohenden Ärgers ausdrückte, bekannte der Interviewte zum Thema Menschenbild der katholischen Kirche: «Ich glaube, dass es das Richtige ist, wenn Sie wollen, auch ‹überlegen›.»

Die Aufregung war erheblich. Die evangelische Kirche, die Organisationen von Juden und Muslimen, die SPD und die Grünen fühlten sich in unterschiedlichem

Grade herausgefordert oder zu Zurechtweisungen veranlasst. Rüttgers musste beteuern, dass eine Abwertung anderer Religionen ihm ferngelegen habe. Die ganze Angelegenheit wurde als irritierend und schädlich wahrgenommen.

Aber was war eigentlich so skandalös an Rüttgers' Bemerkungen gewesen? Er hatte überhaupt nichts Politisches gesagt, die Grenze zwischen Staat und Kirche nicht verwischt, keine irgendwie «katholische» Amtsführung als möglicher künftiger Ministerpräsident angekündigt. Er hatte als Privatmann und gläubiger Mensch gesprochen. Und was er dabei vorbrachte, war bei Lichte besehen durchaus kein Skandal – sondern es hätte eine Selbstverständlichkeit sein sollen.

Denn warum sollte ein erwachsener, mündiger Mensch in einem freien Land einem Glauben anhängen, wenn nicht deshalb, weil er ihn anderen Glaubensangeboten gegenüber für «überlegen» hält? Es ist schließlich in der Bundesrepublik niemand gezwungen, Katholik zu sein oder zu bleiben; es sollte dafür schon einen Grund geben. Rüttgers hatte während des Interviews den Sachverhalt selbst erstaunlich präzise analysiert. Er versetzte sich gedanklich in den Papst und dessen Verständnis des katholischen Weltbildes hinein und stellte fest: «Er sagt, das ist das Richtige, und wenn's das Richtige ist, dann muss er zwangsläufig sagen, dass das andere nicht richtig ist.»

Das ist in der Tat der Kern der Sache. Religionen erheben Wahrheitsansprüche, und diese Wahrheitsansprüche können konkurrieren und einander ausschließen. Wenn Jesus von Nazareth Gottes Sohn war, dann haben die Muslime, die ihn nur für einen Propheten halten, unrecht. Wenn der Koran die letzte Wahrheit über Himmel und Erde enthält, dann irren sich die Christen, die mit dem Neuen Testament die Offenbarung für abgeschlossen halten. Wenn der Messias, nach einem hübschen Theologenwitz, bei seinem Erscheinen zum Jüngsten Gericht «Guten Tag!» sagt, haben die Juden ihre Glaubenswette gewonnen, wenn er dagegen erklärt: «Schön, euch wiederzusehen!», geht der Siegespreis an die Christen. Entweder – oder. Man darf hoffen, dass auf dem letzten Grund der Dinge die Alternativen nicht ganz so mechanisch sind und Gott sich bei seinem Versteckspiel mit der Vielfalt der Glaubensrichtungen schon etwas Fruchtbares gedacht haben wird. Aber erst einmal, wenn Worte und Begriffe einen Sinn haben sollen, muss man sich entscheiden. Und das, wofür man sich entscheidet, muss man wohl für «überlegen» halten, denn sonst wäre die Entscheidung reine Willkür.

Was würde der Verzicht auf den Wahrheitsanspruch in Religionsfragen bedeuten? Er würde den Glauben zu einer reinen Sache von Konvention oder Lifestyle machen. Also: Ich bin katholisch, orthodox oder ein Hindu, weil meine Eltern katholisch, orthodox oder

Hindus sind. Wie ich auch Italiener, Russe oder Inder bin, weil ich in Italien, Russland oder Indien geboren wurde. Weitere Begründungen sind nicht nötig. Religion hätte nichts mit Überzeugung zu tun, sondern nur mit dem Zufall der Herkunft. Oder, die andere Möglichkeit des Wahrheitsverzichts: Meine Religion ist für mich die Richtige, denn sie tut mir gut, wie eine Diät oder eine Therapie. Sie ist bloß subjektiv relevant, ohne Realitätsgehalt oder Bedeutung für andere. Beide Varianten sind der Tod jedes belangvollen Gesprächs und jeder geistigen Bemühung: Geburtszufälle und Befindlichkeiten kann man lediglich hinnehmen, da gibt es nichts zu durchdenken oder zu diskutieren. Es geht nur um eine Art Vereinsmitgliedschaft oder spirituelles Wellnessprogramm. Was in den heiligen Büchern gesagt und in den Tempeln, Kirchen, Moscheen oder Synagogen ausgesprochen wird – alles letztlich unverbindliches Gerede, das keinen echten, belastbaren Inhalt hat; es ist bloß traditioneller Brauch oder dient der Befriedigung seelischer Bedürfnisse. Funktional und austauschbar. Religion, die nicht wahr sein will, verpflichtet zu nichts und lohnt die Mühe nicht.

Die Selbstverständlichkeit, den eigenen Glauben für richtig zu halten, stellt offenbar eine unerträgliche Zumutung dar: Der Wahrheitsanspruch ist die schärfste Provokation, die heute für unsere Gesellschaft von der Religion ausgeht. Mehr noch als die Gewaltdrohung, mehr als die bevormundenden Zugriffe auf die

Lebensführung, die sich die Priesterkaste erlaubt: Du sollst X, und Y darfst du nicht. Das ist nur die Außenseite einer verstörenden und beängstigenden Anmaßung, die ihr Zentrum in der Wahrheitsfrage hat. Der arme Jürgen Rüttgers war weit davon entfernt, mit irgendeiner Art von Gottesherrschaft zu liebäugeln. Er bestand lediglich darauf, dass sein Glaube nicht bloße Folklore ist, sondern eine bestimmte Weltsicht, die auch zutrifft; ein Deutungsversuch der Wirklichkeit, der sich im Wettbewerb mit anderen Deutungsversuchen bewähren muss und durchsetzen will. Ein Hauch von Ernst und Verbindlichkeit, von Präzision und Scheidung der Geister lag in der Luft. Das war ungemütlich. Es schockierte sofort.

Das Codewort für die falsche, gefährliche Spielart von Religion lautet Fundamentalismus. Der Begriff, der am populärsten im Zusammenhang mit dem Islam geworden ist, stammt ursprünglich aus der christlichen Welt. Er bedeutet das strikte Wörtlichnehmen der Bibel, faktisch wie normativ, in ihren Sachaussagen und ihren Handlungsanweisungen. Fundamentalistisch ist die Überzeugung, dass Gott die Welt tatsächlich, wie in der Genesis geschildert, vor wenigen tausend Jahren in sechs Tagen erschaffen habe. Die «Kreationisten», die so denken, haben in den Vereinigten Staaten wiederholt versucht, mit ihrer biblisch-buchstäblichen Schöpfungslehre bis in den staatlichen Schulunterricht vorzudringen. Das ist ein zweites typisches Merkmal des Fundamentalismus: sein Unwille, geistliche und weltliche Angelegenheiten zu trennen, der Drang, die öffentliche Sphäre nach den eigenen Glaubenslehren zu prägen. Im Extremfall ist das Ideal die Theokratie, in der das offenbarte Gebot zugleich irdisches Gesetz ist, wie in der Islamischen Republik Iran unter Chomeini oder bei den afghanischen Taliban.

Allerdings wird der Fundamentalismusbegriff mit seinen autoritären Untertönen oft irreführend verwendet. «Fundamentalist» im schlechten, bedrohlichen Sinne ist dann nicht bloß, wer anderen seine Überzeugungen aufzuzwingen versucht. Sondern als gefährlicher «Fundamentalist» gilt bereits, wer überhaupt letzte, unerschütterliche Überzeugungen hat. Dass die katholische Kirche auf dem Zweiten Vatikanischen Konzil 1965 die Religionsfreiheit anerkannt und allen weltlichen Herrschaftsgelüsten abgeschworen hat, rettet sie nicht vor dem Fundamentalismusvorwurf: allein schon ihre kompromisslose Einstellung zur Heiligkeit des menschlichen Lebens oder zur Unauflöslichkeit der Ehe reichen aus, um sie suspekt zu machen. Der Papst protestiert ja überhaupt nicht gegen das staatliche Scheidungsrecht – nur die kirchliche, sakramentale Ehe, die für alle bürgerlichen Rechtsverhältnisse vollkommen gleichgültig ist und die zu schließen kein Mensch genötigt wird, will er so unantastbar bewahren, wie sein Dienstherr Jesus Christus es im Evangelium verlangt. Aber das ist schon zu viel und skandalös.

Wie verschüttet der Sinn für den Wahrheitsanspruch des Glaubens ist, zeigt sich an einem Schlüsselphänomen der großen, universalistischen Weltreligionen: der Mission. Sowohl das Christentum als auch der Islam missionieren – sie versuchen, Ungläubige und Andersgläubige für ihren Glauben zu gewinnen, sie zu «bekehren». Im Neuen Testament ist das ein göttlicher Auftrag, formuliert am Schluss des Matthäusevangeliums, in einer Forderung des auferstandenen Jesus an seine Apostel: «Darum geht zu allen Völkern und macht alle Menschen zu meinen Jüngern; tauft sie auf den Namen des Vaters und des Sohnes und des Heiligen Geistes, und lehrt sie, alles zu befolgen, was ich euch geboten habe.»

Für das normale heutige Religionsverständnis ist das schwer begreiflich. Einen Missionar stellt man sich als komische Figur vor, wie in den bekannten Kannibalenwitzen. Vor allem jedoch gilt die ganze Idee der Mission dem zeitgenössischen Bewusstsein als aufdringlich und anmaßend. Was für ein verrückter Hochmut, Leuten ihren Glauben ausreden und einen anderen beibringen zu wollen! Religion scheint dafür viel zu intim oder zu geschmacksabhängig – es ist, als würde man jemandem seinen Lebenspartner oder seinen Lieblingswein schlechtmachen. Der Missionsgedanke wirkt taktlos und übergriffig.

In Wirklichkeit verhält es sich aber genau umgekehrt. Die Mission ist nicht Ausdruck der Geringschätzung des anderen, sondern im Gegenteil des Respekts vor ihm. Wer jemanden religiös zu überzeugen versucht, nimmt ihn ernst; er sieht ihn als Partner beim Versuch, auf die großen Fragen des Lebens Antworten zu finden; er behandelt ihn wie seinesgleichen und nicht wie den Angehörigen eines fremden Geistesstammes, dessen weltanschauliche Sitten und Bräuche exotisch und egal sind. Nicht die Mission ist respektlos, die Gleichgültigkeit ist es, die sich vom Glauben der anderen gar nicht herausgefordert fühlt, sondern ihn mit selbstzufriedener Scheingroßzügigkeit an sich abtropfen lässt. Die linke Gesellschaftskritik hat eine solche Haltung in anderem Zusammenhang «repressive Toleranz» genannt.

Anders als das moderne Vorurteil meint, steckt nichts Illiberales im Missionieren. Es geht, wie im politischen Konflikt oder im intellektuellen Disput, einfach um klare Positionen, die man annehmen oder ablehnen kann. Es ist keineswegs freiheitsfeindlich, es ist gerade die Voraussetzung für die Lebendigkeit einer freien Gesellschaft, dass die Streitenden ihre Überzeugungen nicht bloß für persönliche Vorlieben halten, sondern für echte Einsichten, die mit anderen Auffassungen konkurrieren. Und sobald die richtig großen Themen zur Debatte stehen, Gott und Erlösung und Ewigkeit, soll diese Ernsthaftigkeit nicht mehr gelten?

Es muss in unserer Gesellschaft eine abgründige Angst vor Haltungen und Einstellungen geben, die von ihren Trägern nicht zur Disposition gestellt werden, partout nicht, allem guten Zureden oder versteckten Drohen zum Trotz. Was ist so unheimlich an der kopftuchtragenden muslimischen Lehrerin, dass viele der Meinung sind, sie dürfe keine deutschen Schüler unterrichten? Wirklich die Gefahr der Indoktrination, der Beeinflussung der Kinder mit fanatischem, verfassungswidrigem Gedankengut? Oder liegt die Provokation schon darin, dass hier jemand seine Unbeugsamkeit signalisiert, nicht im Sinne einer individuellen Marotte, sondern als Verpflichtung auf unverhandelbare Prinzipien? Eine Grenze wird gezogen, ein Punkt gesetzt: Bis hierher und nicht weiter, da ist kein Durchkommen, da hört die Diskussion auf, Mehrheitsbeschlüsse haben keine Bedeutung, und Befehle werden nicht befolgt.

Es erschreckt, wenn einer so genau zu wissen meint, was richtig ist, und sich von Staat und Mehrheitsmeinung nicht irremachen lässt. Er wird ein bisschen blöd, geisteskrank oder ein gefährlicher Eiferer sein. Wohlgemerkt: Es ist bei alledem mitnichten von religiös autoritärer Gesinnung die Rede, davon, dass jemand anderen seine Überzeugung aufzwingen will. Es handelt sich allein um die Selbstbehauptung des Gläubigen und seines Glaubens, um den aufrechten Gang und das erhobene Haupt. Nicht um Machtambitionen, sondern um Bekenntnis.

Man wird die Tiefe und Intensität der zeitgenössischen Angst vor dem Wahrheitsanspruch nur begreifen, wenn man nach ihren geheimen Quellen sucht. Es geht eigentlich gar nicht um die Kirche oder das Kopftuch, auch nicht um irgendwelche islamistischen Terrorakte, die als drohende Konsequenz hinter der Weltanschauung der Kopftuchträgerin auftauchen könnten. Die Furcht vor dem Absoluten dürfte vielmehr aus den Erfahrungen des 20. Jahrhunderts stammen. Der Glaube an die lebensbestimmenden Wahrheiten, die sich als menschenverachtende Lügen herausstellten, die Opferbereitschaft, die zur Mordbereitschaft wird: war das nicht das Wesen der totalitären Ideologien, von Faschismus, Nationalsozialismus und Kommunismus, die das schlimmste Unheil der Geschichte angerichtet haben? Der Idealismus, die Treue, die Unbedingtheit – alle großen Aufschwünge des Herzens sind in der Epoche der Weltkriege und Massenverbrechen missbraucht worden, schlimmer noch: sie sind in den Verdacht geraten, die Verbrechen mitverursacht zu haben.

Denn die modernen Diktaturen waren nicht einfach zynische Machtveranstaltungen (obwohl sie das auch waren), sie sind zugleich Ersatzreligionen gewesen. Ihre Parteitage waren wie Konzilien oder festliche Hochämter, ihre Programme wie der Katechismus, die blutigen Säuberungen, mit denen sie ihre Mitglieder und Funktionäre auf Linie und in beständigem Zittern hielten, sind die Ketzergerichte und Inquisitionsprozesse des 20. Jahrhunderts gewesen. «Märtyrer», «eingeschreint in dem großen Herzen der Arbeiterklasse», hatte schon Marx die Toten der Pariser Kommune genannt, des ersten, blutig niedergeschlagenen kommunistischen Experiments im Jahr 1871. Die Weltrevolution war das Jüngste Gericht des Marxismus und die klassenlose Gesellschaft, in der alle historischen Widersprüche aufgehoben sein sollten, sein Reich Gottes, das wiedergefundene Paradies. Aber selbst das moralisch und intellektuell nichtswürdige Hitlertum hatte seinen Glauben. «Fanatisch» wollte Goebbels die nationalsozialistischen Deutschen – ein Begriff mit militant religiösen Untertönen, den Voltaire noch polemisch verwendet hatte, um die Intoleranz der Kirche zu attackieren. Hitler selbst, der das Christentum hasste und verachtete, bewunderte gleichwohl den Katholizismus mit seiner straffen Disziplin und seiner zweitausendjährigen Geschichte.

Das hysterisch jubelnde Publikum, das 1943 im Berliner Sportpalast den «totalen Krieg» verlangt, die Opfer des stalinistischen Terrors, die bis zum Schluss der Partei die Treue halten, Verbrechen gestehen, die sie nie begangen haben, und mit ihrer Selbstpreisgabe ein letztes Mal der Sache des Proletariats dienen wollen – diese ganzen gespenstischen Massen- und Seelenphänomene wirken in ihrer kranken Intensität unweigerlich «religiös». Im Namen des Glaubens an absolute Wahrheiten sind im 20. Jahrhundert Millionen umgebracht worden, von Lenin und Stalin, von

Hitler, von Mao während der Wahnsinnsunternehmungen «Großer Sprung nach vorn» und «Große Proletarische Kulturrevolution» in China, von dem kambodschanischen Steinzeitkommunisten Pol Pot. Als das große Morden, die Zeit des Gulags und der Killing Fields, vorbei war, blieben in der halben Welt, von Ostberlin bis Hanoi, noch für Jahrzehnte Mangel- und Unterdrückungsgesellschaften bestehen, deren Führer sich für ihre armselige Herrschaft auf ewige Gesetze der Geschichte beriefen. 1989, als sie in Europa endgültig zusammenbrachen, konnte man dort immer noch halb verblasste Wandparolen entdecken, die versicherten: «Die Lehre von Marx ist allmächtig, weil sie wahr ist.»

Das muss man sich ins Gedächtnis rufen, um das Zurückschrecken vor dem Wahrheitsanspruch zu begreifen, den Horror vor dem Absoluten, den auch ein harmloser Anlass wie das zitierte Rüttgers-Interview auszulösen vermag. Der Bedarf an ewigen Gewissheiten ist erst einmal gedeckt. Hier wird an ein europäisches Trauma gerührt, wir sind gebrannte Kinder. Die blutige Ideologiegeschichte des 20. Jahrhunderts hat als Gegenreaktion das Bedürfnis nach einer rationalen, bescheidenen, von Erlösungshoffnungen und Endkampfszenarien entlasteten Politik hervorgebracht.

Zu Recht. Es ist aber im Gefolge dieser heilsamen Ernüchterung noch etwas anderes passiert, und das ist nicht ganz so heilsam. Es ist ein Generalverdacht gegen jeden Glaubens- und Überzeugungsernst entstanden, ein geradezu instinktiver, reflexhafter Abscheu vor allem, was nach Credo, Dogma und Bekenntnis riecht. Die authentische Religion muss dabei für die totalitären Ersatzreligionen mitbüßen. Obwohl die mörderischen Ideologien des 20. Jahrhunderts auf beiden Seiten der Front atheistisch waren (der Nationalsozialismus weniger offen als der Kommunismus) und obwohl sie die Kirche bekämpften (wiederum der Nationalsozialismus weniger offen), diskreditieren sie jetzt als Glaubensbastarde den Glauben selbst. Der Kreml wollte unfehlbar sein wie der Vatikan – das schlägt nun zurück und wird umgekehrt gelesen: Der Vatikan ist auch bloß ein Kreml, autoritär und letztlich dem Untergang geweiht.

Am Modell des enttäuschten radikalen Linken, einem im 20. Jahrhundert verbreiteten Typus, lässt sich der Mechanismus gut erkennen. Er hat das Phänomen «Glauben» nur in der Gestalt des seinerzeit von ihm vertretenen revolutionären Irrglaubens kennengelernt, mit dem er Schiffbruch erlitten hat und den er ablegen musste. Er ist froh über die endlich erreichte Heilung, er will an die alte Krankheit nicht erinnert werden und schon gar keinen Rückfall erleiden; für ihn ist die ganze Sphäre des Unbedingten entwertet und widerlegt.

Die neue Bescheidenheit kann aber in die nächste Hybris umschlagen: Weil man selbst die Wahrheit nicht gefunden hat, darf es sie überhaupt nicht geben. Wenn schon der große Karl Marx nicht gehalten hat, was er versprach, und ich mit ihm auf die falsche Karte gesetzt habe, dann wird das ja wohl für die Jungfrau Maria oder für den Propheten Mohammed erst recht gelten. Wer so geprägt ist, dem wird der Gedanke nicht leichtfallen, dass es «Glauben» geben könnte, der nicht «falsches Bewusstsein» und nicht historisch kompromittiert ist. Er wird, vor lauter Übersättigung und Ekel vor dem politischen Religionsersatz, unfähig sein, das Wesen und den Sinn echter Religion zu begreifen.

So verlangte der frühere Bundeskanzler Gerhard Schröder einmal mit einer bezeichnenden Formulierung, auf dem Gebiet der Bioethik die «ideologischen Scheuklappen» abzulegen. Er verstand nicht, warum die Kirchen (und manche Grüne) sich bei den Themen Stammzellforschung, Präimplantationsdiagnostik oder Embryonenschutz so hartnäckig dem Fortschritt verweigerten. Die Überzeugung von der Unantastbarkeit des menschlichen Lebens gehörte für ihn offenbar in dieselbe Kategorie von Auffassungen wie irgendwelche anachronistischen Programmsätze zur Vergesellschaftung der Produktionsmittel. Er sprach wie zu Altsozialisten, die noch nicht begriffen haben, dass der Kapitalismus ohne Alternative und der Versuch einer Fundamentalkritik an den bestehenden Verhältnissen ein kindisches oder gefährliches Hirngespinst ist. Wenn man nicht «Ideologie» wollte, wenn man die Lehren aus dem Scheitern der linken Dogmatiker zog, blieb aus Schröders Sicht nur der pure Pragmatismus, der Abschied von allen Göttern, den neuen wie den alten.

Aber stimmt das eigentlich? Dass jeder Glaube an ewige Wahrheiten politisch totalitär und die Abkehr davon die logische Korrektur der Irrwege des 20. Jahrhunderts ist? Ist etwa der Kommunismus allein von weltanschaulich abgerüsteten, in ihren Grundsätzen hochbeweglichen Pragmatikern besiegt worden? Wenn man sich recht erinnert, waren auch ein paar fromme Polen daran beteiligt, die ständig ins Marienheiligtum von Tschenstochau wallfahrteten, und ein sehr strenger, sehr konservativer Papst. Gerhard Schröder würde ihn wahrscheinlich als «Ideologen» bezeichnen. Johannes Paul II., Karol Wojtyla, war von Kopf bis Fuß ein Mann des Absoluten, das die Gegenwart so verdächtig findet, und trotzdem ein Freiheitsheld.

Oder gerade deswegen?

KAPITEL 4

LOB DES ABSOLUTEN

Vor fast 2500 Jahren, an einem Frühlingstag des Jahres
442 vor Christus, waren im Dionysos-Theater am Süd-
hang der Akropolis mehrere Tausende Zuschauer,
Athener und Fremde, versammelt, um eine Premiere
zu erleben: die Uraufführung des neuen Stücks des
Tragödiendichters Sophokles. Das Bühnenhaus, das
das Publikum vor sich sah, stellte den Königspalast
von Theben dar, in sagenhafter Urzeit. Zu Beginn der
Aufführung kamen aus der Mitteltür zwei Schauspie-
ler (im altgriechischen Theater spielten nur Männer) –
Schwestern, wie gleich die ersten Worte verrieten.
Die eine davon ist unsterblich geworden. Sie betrat
an diesem Tag nicht nur die Bühne des Dionysos-
Theaters, sondern zugleich die der abendländischen
Geistesgeschichte: um sie nie wieder zu verlassen. Das
Geschöpf des Sophokles hat die Phantasie und den
Scharfsinn von Dichtern und Philosophen über Jahr-
hunderte beschäftigt. Ihr Name ist Antigone. Zwei-
unddreißigmal, berichtet die Überlieferung, soll das
Erfolgsstück des Sophokles in Athen aufgeführt wor-

den sein; und seine Mitbürger hätten den Dichter zum Dank in eine hohe politische Verwaltungsposition berufen, als Gouverneur der Insel Samos.

Sophokles' «Antigone» erzählt die Geschichte einer Rebellion. Ein junges Mädchen stellt sich gegen die Macht, ganz allein, im vollen Bewusstsein der Konsequenzen, und wird dafür umgebracht. Die Handlung spielt in einer Atmosphäre, die von Machtkampf und Bürgerkriegsgefahr geprägt ist. Die Brüder der Antigone, Eteokles und Polyneikes, Söhne des verstorbenen Königs von Theben, streiten sich um den Thron. Eteokles hat ihn in Besitz genommen, Polyneikes kommt an der Spitze einer fremden Streitmacht herbeigezogen, um seine Vaterstadt zu erobern und die Herrschaft an sich zu reißen. Vor den Toren treffen die Heere aufeinander, die verfeindeten Brüder treten zum Zweikampf an. Beide fallen. Kreon, der Onkel der unglückseligen Geschwister, der jetzt die Regierung übernimmt, ordnet in einer ersten Amtshandlung an, wie mit dem toten Brüderpaar zu verfahren sei. Eteokles, der rechtmäßige Monarch, der Verteidiger seiner Heimat, wird mit allen Ehren eines Staatsbegräbnisses beigesetzt. Polyneikes dagegen, der Usurpator, der es gewagt hat, die Waffe gegen sein Vaterland zu erheben, soll draußen vor den Mauern unbestattet liegen bleiben, den Vögeln und Hunden zum Fraß.

Antigone erkennt dieses Gebot nicht an. Für sie ist es heilige, von den Göttern befohlene Pflicht, den Bruder zu ehren und den Toten ihre Ruhe zu geben. Alles andere wäre Frevel. Das politische Kalkül, das Kreon bei seinem Bestattungsverbot vor Augen hat, die Staatsräson, die Frage, wer auf der richtigen und wer auf der falschen Seite stand, die Absicht, andere Unruhestifter abzuschrecken – all das interessiert Antigone nicht. Sie geht hinaus vor die Stadtmauer, versucht, den Leichnam des Polyneikes mit einer dünnen Schicht Erde zu bedecken und ein kleines Totenopfer darzubringen; sie wird entdeckt, festgenommen und vor ihren Onkel geführt. Antigone bereut nichts und zeigt für den Regenten nur Verachtung. Kreon lässt sie zur Hinrichtung wegschaffen; sie wird bei lebendigem Leib in einem Felsengrab eingemauert. Es folgt eine Reihe furchtbarer persönlicher Katastrophen, die über dem König zusammenschlagen, bis er zuletzt komplett gebrochen ist, ein Schatten seiner selbst, ein lebender Leichnam, der die Welt um sich herum in einen Totenacker verwandelt hat.

Die «Antigone» ist eine Urschrift der denkenden Menschheit, ein Gründungsdokument der Menschenwürde. Ein Manifest des Neinsagens, des Widerstandes, der Unbeugsamkeit im Angesicht der Tyrannei. Sie ist zugleich zutiefst religiös. Denn Antigone, die sich als Untertanin der Obrigkeit und als junge Frau ihrem Vormund widersetzt, ist nicht einfach eigensinnig oder in einem rationalen Sinne «kritisch» gegenüber der Autorität. Es ist eine größere, ehrwürdigere

Autorität, auf die sie sich beruft: auf Zeus, den Himmelskönig, den Wahrer der Weltordnung, und die Gottheiten der Unterwelt, die Respekt vor den Pflichten der Blutsverwandtschaft verlangen und die man nicht durch Pietätlosigkeit herausfordern darf. Gegen die bloß menschliche Vorschrift, die Kreon aufstellt, setzt sie das ewige, heilige Recht, gegen den Staat die Religion. «Ich glaubte nicht», rechtfertigt Antigone ihre Tat, «dass deine Befehle so mächtig sind, dass du, ein Sterblicher, das ungeschriebene und unfehlbare Göttergesetz übertreten könntest. Denn das gilt nicht erst seit jetzt und nicht seit gestern, sondern immer, und keiner weiß, wann es entstanden ist.» Wenn es je eine moralische «Absolutistin» und Fundamentalistin gab, eine Überzeugungstäterin, wie sie den Pragmatikern unheimlich sein muss, dann diese thebanische Prinzessin. Und zugleich ist sie, die sich unter äußerstem Druck ihr eigenes Urteil und das sichere Gespür für Gut und Böse bewahrt, eine Ikone der Humanität.

Das Großartige ist, dass Sophokles hier keine strahlende, idealisierte Heldin geschaffen hat, keine glatte Identifikationsfigur. Ist sie eigentlich sympathisch? «Die himmlische Antigone, die herrlichste Gestalt, die je auf Erden erschienen», hat der Philosoph Georg Wilhelm Friedrich Hegel sie genannt. Doch mit ihrer zwar etwas feigen, aber eigentlich netten Schwester springt sie beinah unmenschlich schroff und hochfahrend um. Ihr Verlobter, den sie mit ihrem Märtyrertod um sein Lebensglück bringt, kümmert sie wenig; er wird überhaupt nicht gefragt. Das fanatische, geradezu terroristische Potenzial, das in der Gesinnungsstärke liegt, die magere, schwarz gekleidete, puritanische RAF-haftigkeit – diese ganzen verstörenden Züge sind im Bild der Antigone nicht unterdrückt.

Und trotzdem hat sie recht, auch in ihrer Härte, ihrem Starrsinn, ihrer «fundamentalistischen» Berufung auf den unverhandelbaren Götterwillen. Hegel wollte in seiner Interpretation des Dramas auch Antigones Gegenspieler, dem Herrscher Kreon, Gerechtigkeit widerfahren lassen. Für ihn repräsentieren die beiden Hauptakteure die entgegengesetzten Prinzipien von Familienmoral und Staatsethos – unversöhnliche Wertewelten, die gleichermaßen Geltung und Respekt beanspruchen können und daher in einen unausweichlichen, tödlichen Entscheidungskampf geraten. Genau darin, in der Gleichberechtigung der widerstreitenden Haltungen und der Unentscheidbarkeit des Konflikts, soll das Tragische liegen. Doch diese tiefsinnige dialektische Deutung ist aus der Perspektive des Sophokles reiner Unsinn. Kreon repräsentiert nichts, schon gar kein sittliches Prinzip. Er ist einfach ein paranoider, egozentrischer Machtmensch, der das Göttergesetz vergewaltigt. Antigone hat ihre eigenen Fehler. Aber gegen den Tyrannen hat sie ohne Einschränkung recht.

Antigones Obsession mit dem Absoluten ist kein Ausdruck von Beschränktheit, sie ist im Gegenteil die Voraussetzung ihres Protests: aus dem Gehorsam fließt, paradoxerweise, ihre Autonomie und Souveränität. Weil sie das Ewige und Heilige hinter sich weiß, hat sie die Kraft zu widerstehen. Dass aus ihr etwas anderes, Größeres spricht, gibt Antigone die Stärke, ihre Einsamkeit zu ertragen, das Alleinstehen nicht nur im Angesicht von Kreons Macht, sondern auch gegenüber der Mehrheit der eingeschüchterten, angepassten Bürger und der scheinbaren Vernünftigkeit ihrer kompromissbereiten Schwester.

Es gibt ihr zugleich die Gewissheit, nicht irgendwelchen Privatideen zu folgen, den Lieblingsvorstellungen einer vielleicht verwöhnten und kapriziösen Fürstentochter. Antigone ist die mythische Verkörperung des Gewissens, und das Gewissen ist immer persönlich und objektiv zugleich. Persönlich, weil es sich nur im Einzelnen meldet und ihn in der Welt aufs Peinlichste zu isolieren vermag. Objektiv, weil es nicht bloß individuelle Vorlieben ausdrückt, sondern einen universalen Anspruch erhebt. Es tritt der Welt gegenüber im Namen einer anderen, höheren, umfassender begriffenen Welt. Wem das Gewissen den Kriegsdienst mit der Waffe verbietet, der bekundet damit keine Befindlichkeit, nicht seine individuelle Abneigung gegen das Töten. Sondern er bekennt sich zu der Überzeugung, dass der Mensch nicht töten soll.

Es wäre absurd zu behaupten, dass nur religiöse Menschen ein Gewissen haben oder dass allein Religion zum Widerstand gegen die Tyrannei zu motivieren vermag. Unter denen, die Hitler entgegengetreten sind, waren Christen, doch ebenso preußisch-nationalistische Offiziere, sozialdemokratische Gewerkschafter oder moskautreue Kommunisten. Die Bibel konnte einen gegen den Nationalsozialismus immunisieren, aber ein knorriges konservatives Adelsethos oder das proletarische Klassenbewusstsein konnten es auch. Nicht zu vergessen eine selbstverständliche Anständigkeit, die gar keine letzten, weltanschaulichen Gründe für ihre Entscheidungen hätte nennen können. Vielleicht ist das sogar besonders bewunderungswürdig und bewegend: wenn einer gar nichts hat, das ihm den Rücken stärkt und ihn auffängt, und er trotzdem standhält vor dem brüllenden Präsidenten des Volksgerichtshofs oder dem verhörenden KGB-Mann.

Umgekehrt haben sich viele, die sich Christen nannten, in Diktaturen geduckt und angepasst. Reaktionäre Regime wie die faschistoide Herrschaft des spanischen «Generalissimus» Francisco Franco wurden von der Kirchenhierarchie ebenso gesalbt und gesegnet wie mörderische Militärjuntas in Lateinamerika. Selbst im Kommunismus, dessen offen religionsfeindlicher Charakter eigentlich wenig Gelegenheit zu Kollaboration hätte lassen sollen, haben die Gläubigen und die Geistlichkeit selten so viel Zivilcourage gezeigt wie in den achtziger Jahren die tapferen polnischen Katholiken und ihr Papst. Die russisch-orthodoxe Kirchenführung etwa, mit dem Moskauer Patriarchat an der Spitze, war in der Sowjetunion genauso unterwürfig wie schon im Zarenreich – und wie heute wieder. Und das alles ist nur die christliche Komplizenschaft mit der Macht, der sich mühelos die islamischen, hinduistischen oder heidnisch-antiken Beispiele an die Seite stellen ließen. Es gibt kein religiöses Monopol auf die politische Moral, und es gibt keine Garantie für die politische Moral der Religiösen.

Dennoch gibt es eine besondere Beziehung der Religion zum Widerstand, zu jenem «Nein!», für das Antigone steht. Es ist keine beliebige, sondern eine typische, klassische Situation, dass Menschen aus ihrem Glauben den Mut und die Verpflichtung schöpfen, sich dem Unterwerfungsanspruch der Macht zu widersetzen. Im Christentum, dessen Stifter von der Staatsgewalt hingerichtet wurde, beginnt das mit den allerersten Gläubigen, den Begründern der Urgemeinde – den Jüngern, die nach Jesu Tod mit den Autoritäten in Jerusalem in Konflikt gerieten.

Die «Apostelgeschichte» des Neuen Testaments erzählt, wie der Hohe Rat von Petrus und seinen Mitbrüdern verlangt, sie sollten mit ihrer Agitation für diesen angeblichen Messias aufhören. Die Jünger predigen, dass der Gekreuzigte von den Toten auferstanden sei; sie haben beträchtliche Bekehrungserfolge und taufen scharenweise neue Gläubige. Petrus und Johannes heilen im Namen Christi einen Gelähmten, der täglich im Tempel um Almosen bettelt und eine stadtbekannte Gestalt ist; die Geschichte verbreitet sich sofort in ganz Jerusalem. Für die Priesterschaft und die herrschenden Kreise ist diese Legendenbildung um einen hingerichteten Staatsverbrecher Volksverhetzung, der unbedingt ein Ende gesetzt werden muss. Die Apostel sollen künftig den Mund halten. Aber sie lenken nicht ein: «Wir können unmöglich schweigen über das, was wir gesehen und gehört haben.» Die Antwort des Petrus auf die Einschüchterungsversuche ist die berühmteste Formel aller «Verweigerer aus Gewissensgründen» geworden, die es in mehr als zweitausend Jahren gegeben hat: «Man muss Gott mehr gehorchen als den Menschen.» Die Jünger kommen mit der Prügelstrafe davon. Aber wenig später muss sich ein anderer aus der Urgemeinde, Stephanus, ebenfalls vor dem Rat verantworten – und wird gesteinigt. Das Christentum hat seinen ersten Märtyrer.

Man muss Gott mehr gehorchen als den Menschen: Selbst beim größten «weltlichen» Gewissenshelden der abendländischen Geschichte fehlt diese religiöse Dimension nicht. Prozess und Tod des griechischen Weisheitslehrers Sokrates sind so etwas wie die Passionsgeschichte des Geistes, ein Gegenstück zum Leiden und Sterben Jesu für die Gebildeten Europas. Sokrates wurde 399 vor Christus in Athen angeklagt, «die Jugend zu verderben» und die Götter des Staates

nicht anzuerkennen; das Verfahren hatte wahrscheinlich einen politischen Hintergrund, weil der Denker als
zweifelhafter Demokrat galt. Sokrates widerrief nichts,
provozierte seine Richter durch demonstratives Selbstbewusstsein (er verlangte statt einer Strafe eine öffentliche Ehrung), wurde zum Tode verurteilt und mit
einem Gifttrunk, dem Schierlingsbecher, hingerichtet.

Sein genialer Schüler Platon hat die Verteidigungsrede niedergeschrieben, die sein Lehrer angeblich vor
dem Gerichtshof in Athen gehalten hat – kein exaktes
historisches Dokument, aber ein ungeheuer wirksa-
mes Zeugnis, das für alle Zeiten das Bild des Geistes-
märtyrers Sokrates fixiert hat. Der Philosoph ist sich
bewusst, dass er seine Mitbürger gegen sich aufge-
bracht hat. Er hatte es sich zur Gewohnheit gemacht,
Politiker, Dichter oder Handwerker in unangenehme
Gespräche zu verwickeln, Fachleute und Respektsper-
sonen, um ihre Weisheit und die Berechtigung ihres
Selbstgefühls zu prüfen. Sind die Stützen der Gesellschaft und die renommierten Experten wirklich so klug
und tüchtig, wie es heißt und wie sie selbst glauben? Er
hat sie aufgeblasen und gedankenarm gefunden, unfähig, über ihr Tun Rechenschaft abzulegen – ohne jene
Reflektiertheit, die den wahren Weisen ausmacht und
nach der die Philosophie strebt. Das war kurios, unge-
hörig, es hat ihm Feindschaften eingebracht und ihn in
jene Außenseiterrolle manövriert, die ihn nun für die
Denunziationen seiner Ankläger verwundbar macht.

Doch er hat sich diese Beschäftigung nicht freiwillig gesucht. Sokrates beruft sich vor seinen Richtern auf einen Orakelspruch des Gottes Apollon, durch das Weissagungsheiligtum in Delphi, auf den seine Existenz als wunderlicher, takt- und rücksichtsloser Wahrheitssucher zurückgeht. Er handelt in göttlichem Auftrag. Sein ganzes Lebensprojekt, sein Philosophendasein ist zugleich eine religiöse Pflicht, ein «Dienst an Gott», ein Gottesdienst, wie es in der Verteidigungsrede wörtlich heißt. So spricht Sokrates über die Entscheidungssituation, in die er geraten ist, mit genau demselben Ernst und in fast denselben Ausdrücken wie Petrus und die Jünger vor dem Hohen Rat in Jerusalem. Er malt sich aus, dass seine Mitbürger ihn zum Schweigen bringen wollen: «Wir werden dich gehen lassen, unter der Bedingung, dass du von dieser Art Untersuchung und von der Philosophie ablässt; wenn du aber dabei ertappt wirst, wie du damit fortfährst, musst du sterben.» Für ihn ist klar, wie er dann antworten muss: «Liebe Athener, ihr seid mir wert und teuer, aber ich werde dem Gott mehr gehorchen als euch, und solange ich atme und dazu imstande bin, werde ich gewiss nicht aufhören zu philosophieren.»

Sokrates nimmt einen Opfertod ganz neuer Art auf sich, nicht für die Familie oder das Vaterland, auch nicht für einen Glauben im traditionellen Sinn, sondern für die Rechte des freien Fragens und Denkens. Insofern ist er mit gutem Grund zum Lieblingshelden der Aufklärer und Intellektuellen geworden. Aber im Augenblick der größten Bedrängnis, der äußersten Zuspitzung greift er wie von selbst zur Sprache und Ideenwelt der Religion, um eine unüberschreitbare Linie zu markieren, für sich selbst und für die anderen. «Ich werde dem Gott mehr gehorchen als euch» und «Man muss Gott mehr gehorchen als den Menschen» – der Philosoph und der Apostel fassen nach demselben letzten, standgebenden Halt.

Dass die Macht und die Machthaber nicht die höchste Instanz sind, dass es ein ganz Oben über denen da oben gibt – das ist die Widerstandskraft, wenn man so reden will: die kritische Pointe der Religion. Sie muss nicht antiautoritär sein, aber sie ist notwendig antitotalitär: einen Machthaber, der über den ganzen Menschen gebieten will, über Leib und Seele, kann sie nicht akzeptieren. Sie macht dann die unwahrscheinlichsten Leute störrisch, lässt sie ihre Bequemlichkeit und ihre Angst überwinden und verleiht ihnen Mut bis hin zum Todesmut.

Sir Thomas More, lateinisch Morus, 1529 bis 1532 Lordkanzler des später durch die Zahl seiner Frauen berüchtigt gewordenen englischen Königs Heinrich VIII., war ein loyaler Bürger und ein pflichtbewusster Minister. Er war ein großer Humanist und Gelehrter, alles andere als ein geborener Kämpfer und überhaupt kein Revolutionär. Aber als Heinrich VIII. sich selbst zum Glaubensoberhaupt machte, als er sich

vom Papst in Rom lossagte und eine ihm hörige englische Nationalkirche gründete (um seine Ehe mit Katharina von Aragon annullieren zu lassen und wieder
heiraten zu können), da verweigerte Morus sich seinem
König. Die Staatsmacht hatte ein Tabu gebrochen. Die
geistliche Führung, die Herrschaft über das Gewissen,
durfte sie sich nicht anmaßen.

Morus, der den Treueid auf die neuen königlichen
Vollmachten nicht leisten mochte, wurde festgenommen und musste eineinviertel Jahre im Tower von
London auf seinen Prozess warten. Der Hof wollte
ihm in dieser quälenden Frist nicht nur Angst machen
(mit der Aussicht auf die grässlichen Strafen, die einem
Hochverräter drohten), sondern ihn auch überzeugen. Die Priesterschaft von London, die englischen
Bischöfe, die Universitäten Cambridge und Oxford –
alle hatten sich Heinrich VIII. gefügt. Wer war dieser Sir Thomas, ein Einzelner, nicht einmal Theologe,
dass er sich dem überwältigenden Konsens entgegen-
zustellen wagte? In seiner Antwort auf die Anklage
zeigt sich etwas Besonderes – die Zeit und Raum über-
spannende Weite der Religion, mit der sie die weltliche
Macht bis aufs Blut reizen und ihr die letzte Autorität
bestreiten kann.

«Ich bin im Zweifel darüber», erklärte Morus am
1. Juli 1535 beim Gerichtsverfahren in Westminster
dem amtierenden Lordkanzler, seinem eigenen Amts-
nachfolger, «ob, zwar nicht in diesem Reiche, aber

doch in der ganzen Christenheit, nicht der größere Teil jener hochgelehrten Bischöfe und tugendhaften Männer, die noch leben, in dieser Sache die gleiche Meinung hat wie ich. Sollte ich aber von denen sprechen, die schon tot sind, so wäre ich ganz sicher, dass die weitaus meisten von ihnen genauso gedacht haben, wie ich jetzt denke. Deshalb bin ich nicht verpflichtet, Mylord, mein Gewissen, gegen das allgemeine Konzil der Christenheit, dem Konzil eines einzelnen Reiches anzupassen. Denn von den besagten heiligen Bischöfen kann ich jedem Eurer Bischöfe mehr als hundert entgegenstellen; und gegen dieses Euer Konzil oder Parlament – Gott weiß, was für eines – stehen alle Konzile, die seit tausend Jahren stattgefunden haben. Und gegen dieses eine Königreich stehen alle andern christlichen Königreiche.»

Morus machte die Lächerlichkeit des wutschnaubenden herrscherlichen Absolutismus sichtbar: In seinem eigenen Land kann sich der Monarch, wie durch die opportunistischen Fakultäten geschehen, als «neuer Salomo» feiern lassen; aber schon an der Landesgrenze hört der ganze Zauber auf, und der eben noch Allmächtige verwandelt sich in einen Ehebrecher und Häretiker, dessen Wort nicht mehr Gesetz ist, sondern Ekel erregt. Und während der Tyrann die Zeitgenossen einzuschüchtern und zu erpressen vermag, hat er die Toten so wenig in der Hand wie jene, die nicht seine Untertanen sind. Die Glaubensgemeinschaft verfügt über ein jahrhundertealtes Gedächtnis, vor dem die Gegenwart zu einem winzigen Augenblick zusammenschrumpft.

Das ist auch der gute Grund dafür, dass es im Katholizismus einen Papst und den Vatikan gibt. Frustrierte Gläubige beklagen sich oft über den «römischen Zentralismus» – darüber, dass der Heilige Stuhl Bischöfe ernennt, die man vor Ort nicht haben will, oder Vorschriften für den Gottesdienst erlässt, die von Manila bis Münster alles über einen Leisten schlagen. Man will stattdessen unter sich bleiben, ohne Eingriffe von außen. Doch das ist eine kurzsichtige Kritik. Römische Besserwisserei und Herrschsucht gibt es. Aber in seinem Kern und Wesen ist dieser Zentralismus eine Freiheitsgarantie – eine Garantie für die Freiheit der Religion von Einmischungen aus Staat und Gesellschaft.

Denn das ist die viel schlimmere Demütigung: die Hörigkeit gegenüber den Mächten des Diesseits. Die joviale Selbstverständlichkeit, mit der der Herr Graf dem Herrn Pfarrer die Welt erklärt, damit er sich in der Predigt auch daran hält. Der soziale Konformismus, mit dem die Geistlichkeit in fortschrittlichen Landen den «Reformbedarf» abarbeiten muss, der ihr in fortschrittlichen Fernsehkommentaren vorgerechnet wird. Es ist eine Illusion, dass die Parole «Los von Rom!» einfach Emanzipation bedeutet; sie bringt vielmehr andere, religionsferne Abhängigkeiten. Die evangelischen Fürsten, die in der Reformation das päpstliche «Joch» abgeschüttelt hatten, haben sich sofort straflos am Gut der Klöster und Kathedralen bereichert und die Kirche in ihren Territorien unter ihre Vorherrschaft gebracht. Nicht das römische Außen ist die größte Gefahr, sondern das klaustrophobische Drinnen, in dem Leute wie Heinrich VIII. und seine Nachfolger das Sagen haben. Es gibt einen Druck auf die Gläubigen, sich an ihre Umwelt, an die dominierenden Interessen und aktuellen Moden anzupassen, und genau gegen diesen Druck bietet «Rom» Schutz. Warum fühlt sich in dem Milliardenstaat China, der aufsteigenden Weltmacht, eine winzige Minderheit papsttreuer Katholiken imstande, auf ihrer Glaubensfreiheit und der Autonomie der Kirche zu bestehen, in einer Gesellschaft, wo sonst das Machtmonopol der kommunistischen Partei unanfechtbar ist? Genau deshalb, wegen des Papstes, weil diese Katholiken Teil eines alternativen Universums sind, einer konkurrierenden Ordnung, die ihren Schwerpunkt jenseits der Grenzen hat, in denen die Obrigkeit ihren Willen durchsetzen kann.

Wer glaubt, legt Distanz zwischen sich und die bestehenden Verhältnisse, er dient einem anderen, größeren Herrn als den Herrschenden. Etwas im religiösen Menschen, für ihn das Wichtigste, ist nicht von hier und nicht von heute, und die Macht hat keine Gewalt darüber. Nichts allerdings provoziert sie so sehr, und manchmal ist die innere Selbstbehauptung nur um den Preis äußerer Vernichtung zu erkaufen. Am 6. Juli 1535 wurde Thomas Morus auf dem Tower-Hügel in London enthauptet, sein abgeschlagener Kopf zur Abschreckung auf der Themsebrücke aufgepflanzt.

Die Sache mit dem Absoluten stellt sich mithin anders dar als in der üblichen Kritik am Fundamentalismus. Ohne seinen absoluten, «fundamentalistischen» Glauben und seine Treue zur Kirche hätte Morus den Zorn des Königs nicht riskiert. Sie haben ihm Kraft gegeben, sie haben ihn aber auch ihrerseits unter Druck gesetzt, mit einem Gewissenszwang, der stärker war als die Todesangst: Morus machte nicht etwa, was ihm passte, sondern fürchtete die Ungnade Gottes mehr als die Ungnade des Herrschers. Eine liberale, entspannte, relativistische Sicht auf die Dinge hätte ihn keineswegs gegen die Zumutungen der Staatsgewalt immunisiert, im Gegenteil. Warum sich so viel Ärger machen, wenn es gar nicht um Richtig und Falsch, um Gut und Böse geht, sondern man die Dinge so oder so sehen kann? Wenn der Häftling im Tower die Sichtweise des Königs irgendwie diskutabel gefunden hätte, einen ebenfalls legitimen Standpunkt, Verhandlungssache – er wäre verloren gewesen, er hätte sich unterworfen und kapituliert. Für sechzig Prozent Wahrheit stirbt man nicht. Eine pluralistische Gesellschaft ist zwar das Gegenteil des Totalitarismus, sie ist die lebenswerte Gesellschaft, die wir wollen. Doch ein pluralistisches Gewissen, eines, in dem die Werte Parlament spielen und mal die eine Fraktion und mal die andere die Mehrheit hat, darf man nicht haben, wenn man der totalitären Versuchung gewachsen sein will.

KAPITEL 5

VERRAT AM KREUZ

Wie stellen Sie sich einen Gott vor? Nicht einen, den
es schon gibt, keinen aus dem Sortiment der Religions-
geschichte. Sondern wenn Sie so etwas wie metaphysische Knetmasse hätten, eine Materie zur Formung von
Astralleibern, und dann sollte daraus der ideale Gott,
die Idee eines Gottes gestaltet werden – wie würde er
aussehen?

Wahrscheinlich wie ein ins Überdimensionale und
Übermenschliche gesteigerter Comic-Held, ein kosmischer Superman, Batman oder Spider-Man – stark,
unverwüstlich, Athlet und Sheriff, ein Schützer von
Recht und Ordnung für das ganze Universum. Ohne
die Grenzen, Konflikte, Niederlagen und Enttäu-
schungen, mit denen die Superhelden der Populärkul-
tur immerhin bis zu einem gewissen Grad zu kämpfen
haben. Sie können vielleicht mit der Gottesidee nicht
viel anfangen; Sie wissen nicht, ob überhaupt ein Gott
existiert oder finden es sogar abwegig, dass einer exis-
tieren soll. Doch wie er wäre, wenn es ihn denn gäbe,
nämlich perfekt, makellos, bewunderungswürdig – das

kommt Ihnen ziemlich klar vor. Das Dasein Gottes ist in der Moderne eine extrem prekäre Angelegenheit geworden. Aber über sein Wesen könnten die meisten sich schnell und problemlos einigen, da besteht nach zwei Jahrhunderten intensiver Religionskritik immer noch ein fast instinktiver Konsens.

Und nun sehen Sie sich an, was da in der Kirche über dem Altar hängt, als Kultobjekt und Wappen des Christentums: das Bild eines ans Kreuz genagelten, sterbenden oder schon toten Menschenkörpers. Das totale Gegenteil von Macht, Kraft und Vollkommenheit. Der Kontrast zu unserer üblichen Vorstellung vom Göttlichen könnte nicht schreiender und verstörender sein. Was geht hier vor?

Das Kreuz ist das verbreitetste Religionswahrzeichen der Welt (in einigem Abstand gefolgt vom muslimischen Halbmond) und das wohl prominenteste Symbol der Menschheitsgeschichte. «In diesem Zeichen wirst du siegen», hat der römische Kaiser Konstantin der Legende nach auf ein Kreuz geschrieben gesehen, das ihm im Jahre 312 in einer Vision erschien, und ist fortan im Namen und mit dem Segen des Heilands aus Bethlehem ins Feld gezogen. Das war der Beginn des christlichen Abendlands, der Beginn des Christentums als irdische Macht und Faktor der Weltpolitik. 1700 Jahre später ist das Kreuz noch vor dem Herzen der beliebteste Anhänger für Halskettchen, und Stars wie Madonna arbeiten sich daran ab. Zugleich ist es zum Kristallisationspunkt für den Religionsstreit der Gegenwart geworden. Laizistisch denkende Eltern prozessieren dagegen, dass ihre Kinder in Klassenzimmern unterrichtet werden, in denen ein Kruzifix an der Wand hängt. Sie halten das Symbol für eine Zumutung, wegen seiner Brutalität und seines Bekenntnischarakters: Propaganda für eine Sadomaso-Religion im öffentlichen Bildungswesen. Verunsicherte Minister und Beamte müssen vor Gericht erklären, warum das in einem weltanschaulich neutralen Staat trotzdem möglich sein soll.

Die christlichen Honoratioren und kirchlichen Würdenträger, die das Kruzifix in der Schule oder im Gerichtssaal verteidigen, machen es regelmäßig falsch, nämlich platt und feige. Sie erklären das Kreuz zu einem «abendländischen Kultursymbol», das angeblich gar keinen echten Glaubensanspruch erhebt – es wird zu einem folkloristischen Ausstattungsstück wie Gamsbart oder Lederhose. Das soll dem Religionszeichen das Überleben in einer pluralistischen, zunehmend säkularisierten Gesellschaft sichern: Das Atheistenkind oder der muslimische Schüler haben nach dieser Logik keinen Grund zur Beschwerde mehr, wenn sie «unter dem Kreuz lernen» müssen, denn das Kreuz hat seinen eigentlich christlichen Sinn längst verloren. Es wird akzeptabel, weil bedeutungslos.

In Wirklichkeit haben die klagenden Eltern recht: Das Kreuz ist eine Zumutung. Wer an ihm Anstoß nimmt, hat es besser begriffen und erweist ihm höheren Respekt als seine verharmlosenden, die Sache aushöhlenden Verteidiger. Es ist nicht inhaltslos, sondern mit der radikalsten, sperrigsten Bedeutung aufgeladen, die man sich vorstellen kann. Das Kreuz bringt unvereinbare Gegensätze zusammen: Göttlichkeit und qualvollen Tod. Das Christentum lehrt nicht nur, dass Gott in Jesus von Nazareth Mensch geworden ist, sondern auch, dass Gottes Sohn sterben musste, in Angst, Schmerz und Erniedrigung. Die ganzen traditionellen, vertrauten Attribute Gottes, seine Allmacht, Allgüte und Allwissenheit, gibt es auch im Christentum. Aber es kommt etwas vollkommen anderes hinzu, das gar nicht zu unseren gewohnten Vorstellungen vom Göttlichen passt. Und genau dieses andere ist das Eigentliche, der Kern der Sache.

Nur skizzenhaft berichten die vier Evangelisten, die biblischen Autoren, vom Leben Jesu, nur einer von ihnen erzählt die idyllische Weihnachtsgeschichte – aber mit aller Wucht und in voller Breite schildern sie die Passion: das letzte Abendmahl mit den Jüngern (das schon im Schatten der nahenden Katastrophe steht), den Verrat des Judas, die schmähliche Verleugnung durch den wichtigsten Apostel Petrus, den Prozess vor den Hohenpriestern und dann vor dem Gouverneur Pontius Pilatus, die Auspeitschung und Verhöhnung des Verurteilten durch römische Legionäre, die Hinrichtungsstätte Golgatha, wo Jesus neben zwei gewöhnlichen Verbrechern ans Kreuz geschlagen wird. Bis an die Grenze der Unerträglichkeit haben die größten Künstler den Körper des leidenden Erlösers dargestellt, die Striemen von den Geißelhieben, die Nägel im Fleisch, die verrenkten Gliedmaßen. Und über alledem steht wie auf einer Tafel mit riesigen Buchstaben: Das ist Gott.

Denn exakt so ist es gemeint, wenn man das Christentum beim Wort nimmt. Nicht: Dieser Mensch ist von geradezu göttlicher Weisheit und Güte, er ist Gott besonders nah oder der bevollmächtigte Prophet Gottes. Sondern er ist Gott selbst. Gottes Sohn, Gott als Sohn ist nach christlicher Lehre kein bisschen weniger göttlich als Gottvater. In Bethlehem wurde er geboren und hat als hilfloses Kind in der Krippe gelegen: schon da ein Bild der Schwäche. Und in Jerusalem am Kreuz wurde er umgebracht. Am Anfang der Stall, am Ende der Galgen, wie Walter Jens die Geschichte zusammengefasst hat.

Die Theologie, eine hochgradig anspruchsvolle und scharfsinnige Wissenschaft, hat jahrhundertelang in raffinierten Formeln zu ergründen versucht, was das alles eigentlich heißt. Sie hat eine «Zwei-Naturen-Lehre» ersonnen, die beschreiben soll, dass Christus «wahrer Mensch und wahrer Gott» in einer Person ist, dass dieser Jesus auf geheimnisvolle Weise zugleich ein Zimmermannssohn aus Nazareth und ein ewiger Teil der himmlischen Dreifaltigkeit von Vater, Sohn und Heiligem Geist ist. Die Theologie hat die Mensch-werdung und die Kreuzigung als eine Art notwendiges Opfer gedeutet: Nur Gott selbst konnte die Schuld der Welt auf sich nehmen und sie durch seinen Tod wie-dergutmachen. Ein metaphysischer Tauschhandel, ein erhabenes Geschäft – und ein Akt kosmischer Liebe. Aber im Grunde erklärt das alles nichts; es bleibt hoch-gelehrtes Gestammel im Angesicht einer Sache, die entweder ein unerschöpfliches Mysterium ist oder die reine Absurdität. Und doch hat das Christentum zwei Jahrtausende von dieser unverständlichen Lehre nicht abgelassen: dass Gott als Mensch geboren und gestor-ben ist.

Was man immerhin verstehen kann, ist das beson-dere Gottesbild, das sich im Kreuz zeigt – und seine Konsequenzen. Historisch haben sich die Menschen ihre Götter tatsächlich so vorgestellt wie Superhelden im Comic: stark, mächtig und schön. Sie haben damit zugleich die Stärke, die Macht und die Schönheit ver-göttlicht, böser gesagt: vergötzt. Die antiken Götter, wie die Griechen sie vor sich sahen, waren unsterblich und ewig jung. Sie kannten keine Vergänglichkeit und kein Leid. Am Schicksal der Menschen nahmen sie vor allem als Zuschauer teil, manchmal halfen sie ihren Lieblingen und schadeten denen, die sie nicht leiden konnten – aber letztlich bedeutete ihnen das alles wenig. Sie selbst waren schicksallos. «Ewigklar und spiegelrein und eben», hat Schiller gedichtet, «fließt das zephyrleichte Leben / im Olymp der Seligen dahin.»

Die Philosophen des Altertums haben die Frivolitäten verworfen, mit denen der Dichtervater Homer seine olympische Gesellschaft ausgestattet hatte, die Liebschaften und Querelen und Intrigen. Sie räumten sogar mit dem Polytheismus auf und kamen zum Schluss, dass es nur einen Gott gab. Aber dass Schmerz und Leid, Veränderung und Vergänglichkeit dem Göttlichen fremd sind, dass es vollkommen, zeitlos und selig in sich ruhend ist – daran zweifelten auch die Denker nicht. Wozu der Mensch aufblicken konnte, worin er das Prinzip des Universums erkennen wollte, das musste übermenschlich herrlich sein. Von hier aus muss man die Provokation ermessen, die der gekreuzigte Gott Christus bedeutet. «Den Juden ein Ärgernis und den Griechen eine Torheit», hat der Apostel Paulus das Kreuz genannt, das heißt so viel wie: für jeden unverdaulich, für alle religiösen, kulturellen, weltanschaulichen Fraktionen und Geschmacksrichtungen.

Kein Sieger ist für das Christentum der Inbegriff des Göttlichen, sondern ein Verlierer, nicht das Perfekte, sondern das Gequälte und Geschundene, nicht die Unsterblichkeit, sondern der verzweifelte Tod. Die prächtigsten Dome und Kathedralen hat das Christentum geschaffen, Kunstschätze von geradezu obszöner Kostbarkeit, aber in der Mitte von allem bleibt unauslöschlich dieses Bild der leidenden Kreatur. Und während die Götter des Olymp und der Philosophengott keine verletzbaren Gefühle kennen, während die Freiheit von allen beunruhigenden Leidenschaften nach klassischer Lehre geradezu ein Erkennungsmerkmal des Göttlichen darstellt, ist dieser Jesus-Gott auch hier das glatte Gegenteil: aus Liebe, für die verirrte und schuldbeladene Menschheit, hat er sich auf das Erdendasein eingelassen und der Welt das Evangelium («frohe Botschaft») gebracht, aus Liebe stirbt er den Opfertod.

Diese Theologie hat dramatische, weitreichende Folgen für das Bild vom Menschen. Denn Götterbilder sind zugleich Menschenbilder, Idole und Ideale, nach denen das Leben ausgerichtet wird und in denen sich eine Vorstellung vom Guten und Richtigen kristallisiert. Es ist normal, auf der Gewinnerseite stehen zu wollen, kraftvoll und gesund, und die griechischen Götter haben dieses Bedürfnis verkörpert und erfüllt. Sie sind Götter des Glücks – und Götter für die Glücklichen.

Der gekreuzigte Christus steht für einen kompletten Alternativentwurf. Die Gegner des Christentums halten das für den Geburtsfehler, die Todsünde dieser Religion, geradezu für eine Perversion. In ihren Augen ist das Kreuz ein Symbol des Masochismus, der selbstquälerischen Verteufelung des Natürlichen und Intakten. Wie verrückt muss man sein, um einen ausgemergelten Sterbenden anzubeten und von daher seine Weltanschauung zu beziehen? Sich mit dem Tod zu identifizieren statt mit dem Leben? Die ganze Kritik am Christentum als einer welt- und sinnenfeindlichen Veranstaltung, sexuell verklemmt und hässlich gebückt, in dunklen Katakomben zu Hause statt in der freien, blühenden Natur – diese gesamte Kritik hat ihr Zentrum in der Empörung über das Kreuz. Hat der Glaube nicht die «Abtötung des Fleisches» zur tugendhaften, heiligmäßigen Übung erklärt und die Welt mit (idealerweise) sexlosen Priestern, Mönchen und Nonnen überzogen? «Komm, du süße Todesstunde», wird in Bach-Kantaten gesungen, und «Ich hab Lust abzuscheiden / von dieser bösen Welt» und «Der blasse Tod ist meine Morgenröte» und «Drum seufz ich recht von Herzensgrunde / nur nach der letzten Todesstunde» und was der fürchterlichen Untergangserotik mehr ist. Andere Religionen mögen der Menschheit Lügengeschichten aufgetischt oder sie zu Gewalttaten aufgehetzt haben. Aber die Werte so vollkommen auf den Kopf zu stellen und das Hässliche auf Kosten des Schönen zu verherrlichen, das Schwache lieber als das Starke, das Nein statt des Ja, das hat nur das Christentum gewagt.

Über Weltferne und Lustfeindlichkeit später mehr. Sofort aber kann man sehen, dass das Kreuz mit alledem eine klassische Argumentation der Religionskritik aushebelt. Die sagt: Die Götter der Menschen sind

Wunschvorstellungen und Projektionen, phantastische Wesenheiten, die so sind, wie wir selbst gern wären. Wie die Avatare, die digitalen Doppelgänger in der virtuellen Welt «Second Life», in der man ein Alternativleben führen kann, das einem besser gefällt. Der Gekreuzigte ist das nicht. Gerade weil er menschlich bis zum Äußersten, dem hoffnungslosen Elend, ist, trifft ihn der Vorwurf des «Anthropomorphismus» nicht, der sonst gegen die herrschenden Gottesvorstellungen erhoben wird. Die übliche anthropomorphe Tendenz der Religion verleiht ihren Gottheiten ja gerade keine reale, fragile, beschädigte, sondern eine aufgepumpte, getunte Menschlichkeit. Davon ist Jesus Christus frei. Der Gott, der im Stall geboren wurde und am Kreuz starb, der sich tiefer als alle anderen ins Irdische und Diesseitige verstrickt hat, steht daher paradoxerweise am wenigsten in der Gefahr, eine selbstgemachte Kultpuppe seiner Verehrer zu sein. Ihn hätte sich keiner ausgesucht und ausgedacht.

Das Kreuz, eine Perversion? Eine Werteumkehr bedeutet es in der Tat. Es stellt die Werte des Erfolgsmenschentums in Frage, und wenn solche Werte «natürlich» sind, dann ist das Christentum «unnatürlich». Nur ist dieses Unnatürliche zugleich das Humane; es ist der diametrale Gegensatz zum Recht des Stärkeren und zur Tyrannei der Normalität. Es ist ein fundamentaler Unterschied, ob der Bettler, der Kranke oder der Krüppel sich nur als Defizitwesen wahrnehmen kann, als eine Art existenzieller Versager im Gegensatz zu dem, was ein Mensch sein soll, was ein «richtiger» Mensch ist – oder ob im Mittelpunkt aller Dinge selbst ein Gescheiterter in seiner Todesqual steht, in dem die anderen Gescheiterten sich wiederzuerkennen vermögen.

«Was ihr dem Geringsten unter meinen Brüdern getan habt, das habt ihr mir getan», erklärt Jesus seinen Jüngern, als er ihnen die Idee der Nächstenliebe beibringt. Selbst die größten Kirchenfeinde bestreiten nicht, dass das Christentum eine Geschichte der Güte und Menschlichkeit hat, des Engagements für die Bedürftigen. Es hat Spitäler gebaut und Stiftungen für Witwen und Waisen errichtet; Ordensschwestern haben lieber den Tod durch Ansteckung oder Krieg in Kauf genommen, als ihre Patienten im Stich zu lassen.

Man muss sich allerdings klarmachen, dass dahinter mehr als nur eine Moral steht. Es ist für das Christentum keine humanitäre Konzession, sich den Randfiguren zuzuwenden, nicht einfach ein menschlich netter Zug, sondern eine Anerkennung der wirklichen Ordnung der Dinge. Das ist es, was Religion von bloßer Ethik unterscheidet: sie bezeichnet letztlich kein Sollen, sondern ein Sein. Im Kreuz steckt ein Appell, die Aufforderung zur Barmherzigkeit und Hilfsbereitschaft, aber der Appell ist nur das Vorletzte, dahinter steckt noch etwas, eine Wahrheit, eine Weltformel, die

Tatsache, dass dies Erlöserleiden wirklich das A und O ist, das Fundament von allem, die Sache, die die Welt im Innersten zusammenhält. Das holt die Nächstenliebe aus der Sphäre des Subjektiven heraus und macht sie zur Respektsbezeugung vor einer objektiven Realität. Der schmutzige Obdachlose in der Fußgängerzone ist kein Gegenstand lobenswerter, aber im Grunde willkürlicher, herablassender Wohltätigkeit. Sondern er ist mein Bruder, und in ihm erscheint mein Richter und Herr.

Man darf das nicht sozial banalisieren. Linke Theologen, die ihrer Kirche die jahrhundertelange Kumpanei mit dem Establishment austreiben wollen, sprechen gern von der «vorrangigen Option für die Armen», die sich im Evangelium artikuliert: Gott steht auf der Seite der Unterdrückten, gegen ihre Bedränger. Das ist nicht falsch, aber zu wenig und am Ende auch irreführend. Die «vorrangige Option» des Kreuzes ist die für alles Kleine, Zerbrochene und Verachtete: immer für den Außenseiter, nie für den, der obenauf ist. Der Klassenstandpunkt, an dem der Marxismus seine Ethik und seine Sympathien ausgerichtet hat, kann letztlich nicht den Ausschlag geben. Wenn während der Revolution der Gutsherr mit seiner Familie aus dem Schloss verjagt und auf dem Feld totgeschlagen wird, dann ist es dieser Feudalist und Ausbeuter, der an der Würde des Gekreuzigten teilhat, und seine Verfolger, die sich moralisch und historisch im Recht fühlen, sind die Erben der Kriegsknechte von Golgatha.

Auf der Seite der Armen steht das Christentum, weil sie arm sind und uns brauchen – nicht weil sie das Proletariat darstellen, eine potenziell machtvolle gesellschaftliche Formation, der (angeblich) die Zukunft gehört. Was ist mit denen «da unten», in deren Schicksal keine verborgene politische Kraft schlummert, die nicht organisierbar und keine Avantgarde revolutionärer Veränderungen sind? Mit herumgeschubsten Opfertypen nach der Art von Georg Büchners «Woyzeck», mit willensschwachen Versagern und haltlosen «Lumpenproletariern» kann der fortschrittsstolze, marxistisch inspirierte Sozialismus nichts anfangen. Die Religion ist es, die sich den Zukurzgekommenen auch dann noch zuwendet, wenn sie geschichtsphilosophisch uninteressant geworden sind.

Das Prinzip des Kreuzes ist die Solidarität mit dem Underdog, und wer der Underdog ist, steht nie endgültig fest, es wechselt, es ist stets der andere: im Fußballclub der Schwule, über den die Hetero-Männer herziehen, in der coolen liberalen Abiturklasse der eine Junge, der zur Bundeswehr geht. Das Kreuz ist jenseits von links und rechts – es ist rechts für den Linken und links für den Rechten. Es steht immer für das Unwillkommene; für das, was uns nicht liegt, nicht passt und nicht gefällt. Es geht um die leisere Stimme, die Minderheit, die Unterlegenen, die keinen Anwalt haben.

Der kommunistische Liedermacher Franz Josef Degenhardt, der an Gott und Kirche durchaus nicht glaubte, hat die christliche Option für die Randständigen in einer ganz unpolitischen Ballade besungen – in der Geschichte der geistesschwachen Tante Threse, die ihre Tage mit niedrigen Arbeiten in der Küche oder als Wärterin an den Kinderbetten ihrer Nichten und Neffen verbringt, aber einmal im Jahr aus dem Haus geht, zum katholischen Fest Fronleichnam, in grotesker feierlicher Aufmachung: «War das ehrlich oder Rache / wenn du die Gardine nahmst, / sie um Kopf und Schultern legtest, / so zur Prozession rauskamst?» Tante Threse ist im Leben die Allerletzte, aber die Religion zählt und wertet anders: «Ob man dich auch schlug und einschloss, / spätestens an der Station / in Doktor Strathmanns Blumengarten / knietest du, wenn wir kamen, schon. / Sangst voll Inbrunst Litaneien / oder auch ein Weihnachtslied. / Alle lachten. Doch der Pfarrer / kam zu dir und sang laut mit.» Er hat keine Schwierigkeiten, sich mit der Idiotin gemein zu machen. In seiner Welt ist sie ein vollwertiger Mensch.

Diese Brüderlichkeit mit dem Leiden, die das Christentum in die Welt gebracht hat, ist nicht selbstverständlich, sie ist gefährdet. Wir leben in einer reichen und fürsorglichen Gesellschaft, mit einem imponierend ausgebauten Wohlfahrtsstaat und öffentlich organisierter Hilfe für alle schwierigen biographischen

Augenblicke, von der Arbeitslosigkeit bis zur alleinerziehenden Mutterschaft. Doch zugleich sind die alten Götter, die Idole von Schönheit, Gesundheit und Kraft, zurückgekehrt: mit dem Körperkult der Wellness-Industrie, mit den makellosen Leibern und Gesichtern auf den Werbeplakaten, mit dem weithin spürbaren Grauen vor Kräfteverfall, Krankheit und Hilflosigkeit. In eine spätantike Thermenanlage in Rom hatten die Päpste eine Kirche einbauen lassen; jetzt stehen in Europa die Kirchen leer, und «Thermen» gibt es wieder überall. Die Helden Homers und die Heerführer des Imperium Romanum hätten sich ganz gut in den Stars, Sportlern und Unternehmensführern des frühen 21. Jahrhunderts wiedererkannt, in ihrem unbedingten Erfolgswillen und in der existenziellen Angst vor Niederlage, Absturz und Verschwinden in der Ruhmlosigkeit. Das christliche Zeitalter ist vorbei, und was an seine Stelle tritt, zeigt eine überraschende Ähnlichkeit mit einem neuen Heidentum.

Seine Schattenseite ist der Verrat am Kreuz: die Unfähigkeit, Leid und Scheitern als Teil der Wirklichkeit zu akzeptieren. Die Gegenwart produziert eine ungeheure, nie dagewesene Vielfalt an Glücksmöglichkeiten – wirtschaftlich, komfortmäßig, sexuell, emotional –, aber auch einen eigenen Glücksterror. Hoffnungslose Fälle, Schicksale, die komplett aus der Leistungs- und Genussgesellschaft herausfallen, von der Tante Threse bis zum Herrn Jesus Christus, sind nicht vorgesehen. Es fällt schwer, sich mit ihnen zu identifizieren oder sie auch nur in den Blick zu nehmen. Das Kreuz steht dagegen für die Bereitschaft, das Negative auszuhalten und sich daran abzuarbeiten, statt davor zu fliehen, und diese Bereitschaft ist ein wesentliches Element einer humanen Existenz und menschlicher Zivilisation. Hegel: «Nicht das Leben, das sich vor dem Tode scheut und von der Verwüstung rein bewahrt, sondern das ihn erträgt, und in ihm sich erhält, ist das Leben des Geistes.»

Das wäre die eigentliche soziale Bedeutung des Kreuzes, das wirkliche Thema, wenn man darüber redet, ob in Klassenzimmern oder Gerichtssälen ein Kruzifix hängen soll. Es ist kein harmloses «abendländisches Kultursymbol», wie seine unberatenen Verteidiger es darstellen. Es ist auch kein parteiisches religiöses Abgrenzungssignal, vor dem man als Muslim oder Atheist Angst haben müsste. Es steht für ein Bild vom Menschen, das kostbar und bedroht ist.

Das Kreuz erinnert an eine Niederlage, und es hat nie so recht gepasst, wenn es triumphalistisch eingesetzt wurde, als ideologisches Logo und Maskottchen einer christlichen Macht. «In diesem Zeichen wirst du siegen» – die Parole des Kaisers Konstantin ist nicht der beste Gebrauch, den man vom Kernsymbol des Christentums machen kann. Dieses Missverständnis, dieser Missbrauch fällt weg in einer Zeit, da die Religion an den Rand gedrängt und die herrschenden

Werte andere sind. Das Kreuz wird zu einem Zeichen des Widerspruchs – wieder zu einem Zeichen des Widerspruchs, denn so war es von Anfang an gedacht. Die Ohnmacht, die es darstellt und deren Würde es verteidigt, ist ihm inzwischen selbst zuteilgeworden. Man darf sich jetzt ohne Scham dazu bekennen. Und wiederentdecken, dass Religion mitnichten automatisch die Ideologie einer heilen Welt und eine geistige Besitzurkunde für die Privilegierten ist.

KAPITEL 6

DER GLAUBE DER DEMOKRATIE

Im Frühjahr 1831 unternimmt der junge französische Adlige und Staatsbeamte Alexis de Tocqueville gemeinsam mit einem Freund und Kollegen eine Dienstreise in die Vereinigten Staaten. Die USA sind ein noch junges Land, wenige Jahrzehnte zuvor im Befreiungskrieg gegen die britische Kolonialmacht entstanden; transatlantischer Gedanken- und Personalaustausch ist noch nicht wie heute üblich. Tocqueville und sein Freund Gustave de Beaumont aber fahren im Auftrag des Innenministeriums in Paris, um das amerikanische Gefängniswesen zu studieren. Anfang 1832 sind sie zurück und publizieren bald darauf ihren Bericht zur Strafrechtspflege in den Vereinigten Staaten, der zum Standardwerk wird.

Der tiefere Sinn der Reise und ihre epochemachenden Folgen freilich sind andere gewesen. Tocqueville war neugierig auf diese jugendliche amerikanische Nation, die den Ballast der europäischen Geschichte abgeworfen hatte und jetzt an der Spitze der Weltentwicklung stand. Er wollte von ihr lernen. In Frankreich hatte 1830 die «Julirevolution» stattgefunden und den reaktionären Bourbonenkönig Karl X. gestürzt. Der Anbruch einer neuen Zeit, Demokratie, Gleichheit – das waren die Themen, die für das Land und für ganz Europa in der Luft lagen. Das waren auch die Fragen, mit denen Tocqueville in die USA reiste. Er wollte in den Vereinigten Staaten die europäische Zukunft studieren, das Modell einer freien und vor allem egalitären Gesellschaft. Das Buch, das er über seine Beobachtungen schrieb und das 1835 erschien (ein zweiter Band folgte 1840), begründete die politische Soziologie und ist bis heute eines der Schlüsselwerke zum Verständnis der modernen Welt: «Über die Demokratie in Amerika».

Mit diesem Klassiker beginnt zugleich das Nachdenken über die Rolle der Religion in der demokratischen Gesellschaft. Denn im Zusammenhang mit der Religion macht Tocqueville in Amerika die vielleicht erstaunlichste, sein ganzes Weltbild erschütternde Entdeckung. In Tocquevilles Heimat, in Frankreich und Europa, ist die Kirche (vor allem seine eigene, die katholische) konservativ, eine Gegnerin von Aufklärung und Revolution, die ideologische Stütze der herrschenden Verhältnisse. Es ist die Kirche des Bündnisses von Thron und Altar, der Könige von Gottes Gnaden. In Frankreich war sie die Stütze der eben gestürzten Bourbonen-Monarchie gewesen, die sich ungeheuer fromm gerierte. Das Bündnis der reaktionären Mächte Österreich, Preußen und Russland, das nach

dem Untergang Napoleons den Kontinent in Knechtschaft und Friedhofsruhe halten wollte, hatte sich
«Heilige Allianz» genannt. Wer im Europa der Reak-
tion Karriere machen wollte, konnte nichts Besseres
tun, als seine Loyalität zu Gott und Glauben zur Schau
zu tragen. Die Religion stand politisch «rechts», mit
einer Massivität, die sich selbst eingefleischte Kirchen-
kritiker heute gar nicht mehr vorstellen können. Ent-
sprechend suspekt bis verhasst war sie den Fortschrittlichen. Karl Marx, auch ein Kind dieser Zeit, hat die
Rolle der Religion bei der politischen Entmündigung
auf den berühmtesten Begriff gebracht: «Sie ist das
Opium des Volks.»

In Amerika aber entdeckt Tocqueville ein ganz anderes Christentum – und eine ganz andere gesellschaftliche Funktion der Religion, ein ganz anderes Verhältnis der Leute zu ihr. Seine fassungslose Verwunderung
ist dem Forschungsreisenden noch anzumerken, wenn
er eine Versammlung von zwei- bis dreitausend Bür-
gern in einem großen städtischen Saal schildert, vor
denen ein Pfarrer im geistlichen Ornat auftritt und
einen politisch-theologischen Solidaritätsaufruf für das
polnische Volk vorträgt, das damals gegen die russische
Besatzungsmacht um seine Freiheit kämpfte. «Nachdem die Anwesenden die Hüte abgenommen hatten»,
berichtet Tocqueville im vollen Bewusstsein, auch seinen Lesern etwas Unerhörtes mitzuteilen, «standen sie
schweigend, und er sprach zu ihnen diese Worte: ‹All-

mächtiger Gott! Gott der Heerscharen! Du, der du das Herz unserer Ahnen gestärkt und ihren Arm geführt hast, als sie die geheiligten Rechte ihrer nationalen Unabhängigkeit verteidigten; du, der du ihnen den Sieg über eine hassenswerte Unterdrückung gabst und unserem Volk die Wohltaten des Friedens und der Freiheit gewährtest, o Herr! Schaue gnädig auf die andere Erdhälfte; betrachte in Barmherzigkeit ein heldenmütiges Volk, das, wie wir einst, für die gleichen Rechte kämpft! Herr, der du die Menschen nach dem gleichen Bilde geschaffen hast, lass es nicht zu, dass der Despotismus dein Werk entstelle und die Ungleichheit auf Erden erhalte. Allmächtiger Gott! Wache über das Los der Polen [...]. Herr, [...] lass die französische Nation sich endlich erheben, dass sie, die Ruhe brechend, in der ihre Führer sie zurückhalten, sich noch einmal für die Freiheit der Welt schlage! O Herr, wende dein Antlitz nimmer von uns ab; lasse zu, dass wir immerfort das gläubigste wie auch das freieste Volk seien. Allmächtiger Gott, erhöre heute unser Gebet; rette die Polen. Wir bitten dich im Namen deines geliebten Sohnes, unseres Herrn Jesus Christus, der für das Heil aller Menschen am Kreuze gestorben ist. Amen.› Die ganze Versammlung», schließt Tocqueville seinen Bericht, «wiederholte mit Andacht: Amen.»

Ein Feldgottesdienst für die Freiheit: das ist es, was Alexis de Tocqueville hier erlebt hat. Man kann schon die pathetische Militanz des christlichen Idealismus erkennen, die vielen Europäern an den Vereinigten Staaten unheimlich ist. Aber zunächst ist es eine große, herzerhebende Szene. Man sieht, wie in einer blitzartigen Offenbarung, die Religion der Demokratie. In der Unabhängigkeitserklärung der Vereinigten Staaten heißt es, dass alle Menschen von ihrem Schöpfer mit unveräußerlichen Rechten ausgestattet sind, darunter das Recht auf Leben, auf Freiheit und auf das Streben nach Glück. Die Fundamente der Demokratie sind religiös: Weil Gott die Menschen nach seinem Bild, mit gleichem Rang und gleicher Würde geschaffen hat, darf niemand sie der Knechtschaft unterwerfen. Und die Politik der Religion ist demokratisch: Weil das Christentum an die heilig verbürgte Ebenbürtigkeit aller Menschen glaubt, kann sich eine christliche Nation nur mit den Völkern der Welt, nicht mit ihren Unterdrückern verbünden. Es ist das glatte Gegenteil der Theologie von Thron und Altar.

Tocqueville hat in Amerika den Kontinent der Gleichheit entdeckt – ein Land ohne Adel, ein Land, in dem alle Ämter durch Wahl besetzt werden, ein Land, in dem der Geschmack der normalen Leute die Kultur beherrscht. Er sieht das alles mit gemischten Gefühlen, mit Faszination und Sorge zugleich; schließlich ist er selbst ein hochgebildeter Aristokrat, dessen Werte und Ideale in einer gründlich demokratisierten Welt nicht die besten Überlebenschancen haben. Aber dass diese neuartige Welt mit dem Christentum vereinbar, dass sie sogar aus dem Christentum begründbar und als seine Konsequenz zu begreifen ist: das erkennt er klar und spricht es ohne Scheu und Schonung aus. Steckt nicht sogar im Katholizismus, der scheinbar hierarchischsten Konfession, der armeeartig kommandierten Papstkirche, ein frappierend demokratisches Element? Die Katholiken unterstehen zwar in Glaubensfragen der priesterlichen Autorität. Aber sie unterstehen ihr unterschiedslos, ohne Privilegien und Rangabstufungen, als klassenlose Gesellschaft des Gottesvolks. Der Katholizismus «verpflichtet den Gelehrten wie den Unwissenden, den Mann von Genie wie den gewöhnlichen Menschen auf die Einzelheiten des gleichen Glaubens; er schreibt die gleichen Andachtsübungen dem Reichen wie dem Armen vor, unterwirft den Mächtigen wie den Schwachen der gleichen Strenge; er lässt sich mit keinem Sterblichen in ein Verhandeln ein, und alle Menschen mit dem gleichen Maßstab messend, führt er alle Gesellschaftsklassen vermischt an den Fuß des gleichen Altars, so wie sie vor den Blicken Gottes in eins verschmelzen.»

Für den Verteidiger der Religion ist dies ein heikler, zu intellektueller Unredlichkeit einladender Moment. Die Versippung des Glaubens mit autoritärer Herrschaft, seine Zugehörigkeit zu einer vergangenen, undemokratischen Menschheitsepoche ist ein stehender Vorwurf der Religionskritiker. Gern, sehr gern würde man im Gegenzug die Tocqueville'sche Freiheits- und Gleichheitsbotschaft zur eigentlichen, wahren politischen Pointe des Glaubens erklären – und die Machtanmaßung im Namen Gottes zur reinen Manipulation, zur bloßen Verirrung.

Aber das geht nicht. Man kann die historische und konkrete Realität der Religion, ihre Widersprüchlichkeit, nicht durch die Flucht in einen gereinigten Ideal- und Lieblingsglauben hinwegphilosophieren. Die Könige, die ihre absolute Macht auf Erden mit der absoluten Macht Gottes im Himmel begründeten, verstanden sich genauso als Christen und gehören genauso zur Geschichte des Christentums wie Tocquevilles amerikanische Polenfreunde. Man lässt es auch Muslimen nicht durchgehen, wenn sie zum Thema Terrorismus nur jenen liberal klingenden Koranvers zitieren, laut dem es in Glaubensfragen «keinen Zwang» gebe, und im Übrigen feststellen, der Islam sei «eine Religion des Friedens». Was für eine Religion eine Religion ist, ist nicht von ihrer Praxis zu trennen; es zeigt sich überhaupt erst in der Praxis, während das Papier auch der heiligen Schriften geduldig ist.

Und die Praxis der Religion ist eben über Jahrhunderte, wenn nicht Jahrtausende, die einer Herrschaftsideologie gewesen. In der Familie regierte der Vater, im Staat der Fürst und im Universum Gott: Es war ein patriarchalisches Kommandosystem, in dem die religiöse Autorität die Spitze der Pyramide bildete und zugleich die weltanschauliche Legitimation für das Ganze lieferte. Die Könige im alttestamentlichen Israel, die Herrscher des christlichen Abendlands, der Eroberer Mohammed und die Kalifen und Sultane der islamischen Welt: sie alle übten ihr Regiment im Namen ihres Gottes aus. Selbst im alten China, wo es im Vergleich mit christlichem Abendland und muslimischem Orient eher weltlich, pragmatisch und nüchtern zuging, berief sich der Kaiser auf eine vage überirdische Approbation: auf das «Mandat des Himmels».

Nicht nur «oben», auch «unten» war das hierarchische Weltbild religiös abgesichert. Sklaven, Untertanen und Armen wurde die gesamte Menschheitsgeschichte hindurch von Adel und Priesterschaft weisgemacht, ihr Schicksal sei Gottes Wille und durch braves Ertragen ihres Loses könnten sie jenseitige Gnadenschätze sammeln. Noch im 19. und frühen 20. Jahrhundert sollten dem Proletariat mit solchen Vertröstungen Sozialprotest und Revolution ausgeredet werden. Das schlimmste Beispiel für die Rechtfertigung von Ungleichheit durch Religion dürfte die hinduistische Kastenordnung bieten. Sie hat nicht einfach die Menschen in Ranggruppen eingeteilt, sondern den Blick auf ihre gemeinsame Menschlichkeit verstellt, also den Zugang zur Idee des Menschen an sich versperrt – und tut es vielfach bis heute.

Trotz dieser Komplizenschaft mit der Unterdrückung kann man jedoch nach der eigenen Logik der

Religion fragen, nach ihrer inneren Tendenz. Und die ist, zumindest im Einzugsbereich von Bibel und Koran, in den monotheistischen Religionen Judentum, Christentum und Islam, tatsächlich demokratisch. Wenn man genau hinsieht und die Sache wirklich ernst nimmt, steht der Herr der Welt mit den Herren der Welt nicht im Bunde. Der zentrale, entscheidende Punkt dabei: das Motiv der Gleichheit. In der Idee eines einzigen, allmächtigen, transzendenten Gottes steckt eine gewaltige egalitäre Dynamik. Weil der Unterschied zwischen dem Irdischen und dem Überirdischen so ungeheuer ist, verlieren die Unterschiede auf Erden dramatisch an Bedeutung. Das ist eine Revolution, eine radikale Umkehr der «natürlichen» Ordnung der Macht- und Kraftverhältnisse, der Ordnung des Fressens und Gefressenwerdens, des Befehlens und Gehorchens, des Oben und Unten. Es lässt sich nicht mehr begründen, dass der Adlige eine ganz andere Art Wesen als der Bauer oder der Bürger ist, wenn man ihre gemeinsame Herkunft aus ein und demselben Werkstoff Gottes, aus dem menschentypischen Gemisch von Staub und Schöpfergeist vor Augen hat. Ebenso die angeblichen Wert- und Würdedifferenzen zwischen Stark und Schwach, Reich und Arm: das alles verblasst und verdämmert vor der einzigen wirklichen Majestät.

Selbst in Verhältnissen, die noch ganz traditionell sind, weit davon entfernt, das demokratische Potenzial der Religion zu realisieren, kann man schon Spuren-elemente dieser Relativierung diesseitiger Pracht und Herrlichkeit entdecken. So in den mittelalterlichen Totentanz-Darstellungen, in denen alle gesellschaft-lichen Stände, von Papst und Kaiser bis hinab zu Hu-ren und Bettlern, von der gleichmachenden Gewalt des Sterbenmüssens fortgerissen werden. Wo sie sich jetzt zu verantworten haben, vor dem Thron des richten-den Gottes, da bedeutet ihr Status nichts. Dass jeder Mensch hilflos geboren wird und ohnmächtig aus dem Leben geht, dass er seine Rollen und Insignien ablegen muss wie ein Kostüm, unter dem am Ende immer dieselbe ärmliche Nacktheit zum Vorschein kommt – diese barocke Gedankenfigur gehört zum Urwissen der Religion, und sie hat eine immens machtkritische, antihierarchische Stoßrichtung.

In der Bibel gibt Gott immer wieder drohend zu verstehen, dass er die Niedrigen erhöht und die Gro-ßen erniedrigt, dass eher ein Kamel durch ein Nadel-öhr geht, als dass ein Reicher ins Gottesreich kommt. Die Geistlichkeit ist anfällig für Bündnisse mit den Herrschenden, ihr himmlischer Chef jedoch ist kein Freund der Elite und des Establishments. Die gesamte Idee eines «Jüngsten Gerichts» ist im Grunde revo-lutionär; sie wird komplett missverstanden, wenn man darin eine repressive Veranstaltung, eine Bestätigung der herrschenden Ordnung mit Bestrafung der Rebel-len und Belohnung der Duckmäuser sieht. Die Wohlhabenden und Mächtigen bräuchten kein Totengericht und kein «ewiges Leben», sie können mit dem Diesseits vollauf zufrieden sein – im Gegenteil: sie haben unbequeme Fragen und nachteilige Veränderungen zu fürchten, wenn sie Rechenschaft über ihr Glück und ihre Erfolgsgeschichte ablegen sollen. Dass die Dinge am Ende wieder eingerenkt und Gerechtigkeit erst hergestellt werden muss, ist ein Misstrauensvotum gegen die herrschenden Verhältnisse, der Ruf nach einer Korrektur, einer Alternative. Gott segnet die Schulzeugnisse, Gehaltsabrechnungen, Gerichtsbeschlüsse und Kriegsverläufe der Welt nicht ab, sondern weist sie zurück. Die Letzten werden die Ersten sein.

Die subversive Tendenz ist nicht auf den biblisch geprägten Glauben beschränkt. In der heidnischen, vorchristlichen Antike gibt es die Idee der «Hybris», der Selbstüberhebung des Menschen, für die er von den Göttern gestraft wird. Über den Großen und Mächtigen schwebt dieses Schicksal als ständige Drohung. Wie über dem Kreon des Sophokles, der sich für den Staat und den Staat für wichtiger als das ewige Recht hält und der zur Vergeltung komplett ruiniert und moralisch vernichtet wird. Die griechischen Sagen und Geschichten sind voll von Heroen, die das menschliche Maß verletzt haben und nun in der Unterwelt ewige Qualen leiden wie Tantalos, den die Götter ihrer Freundschaft würdigten und der dadurch so größenwahnsinnig wurde, dass er ihnen beim Gastmahl das Fleisch seines eigenen Sohns als Speise vorsetzte. Das Motiv der Hybris fand auch politische Anwendung: Hinter den siegreichen römischen Feldherren, die nach ihrer Rückkehr Beute und Gefangene im Triumphzug durch die jubelnde Hauptstadt des Reiches führten, stand immer ein Diener auf dem Wagen, der ihnen von Zeit zu Zeit ins Ohr sagen musste: «Gedenke, dass du sterblich bist.» Die Ermahnung sollte die Lust allzu ehrgeiziger Militärs dämpfen, sich zu Diktatoren aufzuschwingen.

Das Christentum hat die egalitäre und demokratische Möglichkeit der Religion auf die Spitze getrieben – es hat die Unterschicht in die Heilsgeschichte eingeführt. Es macht den Erlöser zum Sohn eines jüdischen Handwerkers, des Zimmermanns Joseph, und seiner auf etwas unklare Weise schwanger gewordenen jungen Frau. Die Eltern sind so arm, dass sie ihren Sohn während einer Reise nicht in einem Gasthaus, sondern im Stall bekommen, mitten unter dem Vieh, und ihre einzige Gesellschaft sind die ebenso mittellosen Hirten vom benachbarten Feld. Das Kind wird ein in den Tag hineinlebender Wanderprediger, der einen wenig vorzeigbaren Anhang um sich sammelt, mit Ausgestoßenen wie Prostituierten und den Kollaborateuren der Besatzungsmacht Umgang hat und schließlich als Unruhestifter hingerichtet wird. Und von diesem gescheiterten Außenseiter wagt das christliche Dogma zu behaupten, er sei *Gottes Sohn* gewesen? Es ist eine ungeheuerliche, alle Rang- und Standesordnungen auf den Kopf stellende Provokation, dass eine bizarre Geschichte, die unter Fischern und Zöllnern in einer halb vergessenen Randprovinz des Römischen Reichs spielt, das «Evangelium», die «frohe Botschaft» für die gesamte Menschheit sein soll, wichtiger als alle Königsdramen der Welthistorie.

Dieser gleichmachende, Protokoll und Privileg verachtende Zug reicht bis ins Herz der biblischen Theologie, in ihre Schöpfungs- und Erlösungslehre hinein. «Ich habe dich bei deinem Namen gerufen, du bist mein», sagt Gott im Alten Testament zu den Gläubigen, ein theologischer Adelsbrief für das gemeine Volk, und nach dem Neuen Testament kommt jedem armseligen Menschenkind eine so enorme Würde zu, dass es wert ist, durch den Opfertod von Gottes eigenem Sohn von Sünde und Hölle losgekauft zu werden. Jeder Mensch ist «Gottes Ebenbild», und alle haben einen gemeinsamen Ursprung in den Stammeltern Adam und Eva.

Diese Herkunft der ganzen Erdbevölkerung von einem Urpaar kann wie ein kurioses Märchen erscheinen; in Wirklichkeit steckt eine außerordentlich tiefsinnige und folgenreiche Pointe darin: die Einheit des Menschengeschlechts. Es gibt letztlich keinen Unterschied von «edler» und «gemeiner» Geburt, keine fundamental begründbare Klassen- oder Kastenordnung, wenn alle Menschen dieselben Vorfahren haben.

Sie gehören zu einer Familie; die Idee der humanen «Brüderlichkeit» hat hier ihren Ausgangspunkt – nicht zufällig reden die Christen einander so an, als «Brüder» und «Schwestern», so wie Sozialisten «Genossen» sagen. Es ist ein Gegenentwurf zum Rassismus, für den das Menschengeschlecht keine Einheit, sondern eine Hierarchie von Voll- und Mindermenschen ist.

Die großen, universalen, potenziell zu allen Menschen redenden Religionen können gar nicht anders, als die Volks- und Gruppengrenzen, die Barrieren der Milieus und bürgerlichen Konventionen zu überschreiten. Man sieht es an der Buntheit der Menge, an den weißen, braunen, schwarzen, gelben Gesichtern, die sich zu den festlichen päpstlichen Ansprachen auf dem Petersplatz in Rom versammeln. Es ist eine kleine Wiederholung der Urverschmelzung, die die Apostel beim ersten Pfingstfest in Jerusalem erlebten, als Gläubige aus aller Herren Länder einander plötzlich verstanden, obwohl sie die Sprachen der anderen überhaupt nicht kannten. Glaube ist international und sozial nivellierend. Muslime machen die Erfahrung bei der Pilgerfahrt nach Mekka, wenn die Massen der Gläubigen von Marokko bis Indonesien, von Kasachstan bis Senegal um die Kaaba, den heiligen Stein inmitten der Großen Moschee, kreisen. Es ist eine neue, andere Identität, die von der Religion gestiftet wird, eine Sphäre der Zusammengehörigkeit und der Ebenbürtigkeit: der gemeinsamen Unterwerfung unter Gott. Schon auf den Flughäfen in den islamischen Ländern, in Istanbul, Dubai oder Karatschi, sind die Gruppen der Mekka-Reisenden an ihren weißen Pilgergewändern zu erkennen, herausgehoben aus dem Alltag, aber untereinander gleich, während um sie herum das Gewimmel der Anzugträger und Touristen, der eleganten Damen und rundlichen Bäuerinnen die «normale» Welt mit ihren sozialen Rollen verkörpert.

Hier steckt auch das demokratische Potenzial des Islam. Es stimmt: Er hat keine massenwirksame Aufklärung durchgemacht wie das Abendland, und anders als das Christentum hat er nicht über lange Zeit lernen müssen, sich mit einer modernen freiheitlichen Gesellschaft zu arrangieren. Wie *liberal* er sein kann, wird sich erst zeigen und womöglich in bitteren Kämpfen herausstellen. Aber dass die muslimische Gleichheitskultur eine *demokratische* Chance bedeutet, lässt sich nicht leugnen. Der soziale und egalitäre Zug ist historisch tief im Islam verankert und unverändert aktuell. Die geistliche Hierarchie ist bei weitem nicht so feudalistisch reich ausgestaltet wie im Christentum. Die stolzen Kalifen, Sultane und Moguln haben unter den Gläubigen nie als die wahren Vertreter muslimischen Lebens gegolten, sondern eher als Sünder, wenn nicht sogar als Abtrünnige, die den Zorn Gottes zu fürchten hatten. Es ist kein Zufall und auch nicht bloße Ideologie, dass viele islamische politische Formationen den

Begriff «Gerechtigkeit» in ihrem Parteinamen führen. Sie verstehen sich als Repräsentanten des (frommen) normalen Volks, der fleißigen Bürger und kleinen Leute. Ihr Feindbild sind die korrupten Privilegierten, eine glaubensvergessene Elite, die den redlichen Durchschnittsbürgern die Gleichbehandlung verweigert, auf die sie nach dem Willen Allahs Anspruch haben. «Volk Gottes» ist ein biblisches Bild, das vor allem linke Christen gern auf die Kirche, auf die Gemeinschaft der Gläubigen anwenden. Für den Islam trifft es erst recht zu.

Gleichmacherin Religion: In der christlichen Kirchenbank sitzen Leute nebeneinander, die privat oder beruflich nie Kontakt hätten und einander sogar aus dem Weg gehen würden; sie begeben sich zusammen zum Abendmahl am Altar, beim Empfang des geweihten Brotes wird jeder einzelne unterschiedslos mit dem unglaublichen Wort angesprochen: «Christi Leib, für dich gegeben» – und gegen Ende des Gottesdienstes, wenn der Pfarrer die Gemeinde auffordert: «Gebt einander ein Zeichen des Friedens», dann reichen die Leute ihrem fremden Sitznachbarn die Hand, manchmal zögernd, sogar peinlich berührt, aber sie kommen nicht darum herum, sie können sich nicht drücken im Angesicht ihres Gottes, der ihnen ihre Abstandsbedürfnisse und Hochnäsigkeiten nicht durchgehen lässt. Es ist keine persönliche Sympathie, die sie zusammengeführt hat, sie haben sich ihre Gesellschaft nicht aus-

gesucht, es ist keine Party und keine Parteiversamm-
lung, man muss einfach nehmen, wen der Zufall oder
die Vorsehung da neben einen platziert hat, der Banker
den Penner und der Linke den Banker.

Das ist eine allgegenwärtige Zumutung an die Gläubigen, von Beginn an: «Es gibt nicht mehr Juden und
Griechen, nicht Sklaven und Freie, nicht Mann und
Frau; denn ihr alle seid einer in Christus Jesus», sagt der
Apostel Paulus zu den Mitgliedern der Urgemeinde. Er
hat daraus nicht die Konsequenz gezogen, die Sklaverei
müsse abgeschafft werden, er war nicht «politisch» im
modernen Sinne; das Urchristentum konnte gar nicht
daran denken, die Staats- und Sozialordnung zu än-
dern, dazu war es zu schwach und hat zu inständig auf
das Ende der Welt gewartet. Aber selbst in diesem unpolitischen, etwas subalternen Milieu wurde nicht vergessen, dass der Glaube eine gesellschaftliche Pointe
hat und dass diese Pointe gegen Hochmut und Kom-
mandomentalität gerichtet ist. «Droht ihnen nicht»,
ermahnt Paulus die Herren mit Blick auf ihre Sklaven.
Und schließt, glasklar, von der Majestät des Schöpfer-
und Erlösergottes auf die fundamentale Gleichheit und
Geschwisterlichkeit der Menschen: «Denn ihr wisst,
dass ihr im Himmel einen gemeinsamen Herrn habt.
Bei ihm gibt es kein Ansehen der Person.»

Die Frommen und ihre Priester haben sich das alles
weder immer klargemacht noch gar danach gehandelt.
Aber ausgerechnet ein berühmter Religionskritiker,

der wütendste aller Religionshasser, von dem die heutigen Propagandisten des Atheismus nur ein matter Abklatsch sind, hat die politischen Zusammenhänge und Konsequenzen genau gespürt. Friedrich Nietzsche, einer der großen Propheten der Moderne, der Verkünder des «Übermenschen», hat das Christentum (und seine Mutterreligion, das Judentum) als «Sklaven-Aufstand in der Moral» verachtet und bekämpft. Vom demokratischen, gleichmacherischen, geradezu sozialistischen Motiv des Glaubens zeigt sich Nietzsche in seiner Polemik förmlich besessen: «Im Christenthume kommen die Instinkte Unterworfner und Unterdrückter in den Vordergrund: es sind die niedersten Stände, die in ihm ihr Heil suchen.» Der Christengott ist «der Demokrat unter den Göttern», «der Gott der Winkel, der Gott aller dunklen Ecken und Stellen, aller ungesunden Quartiere der ganzen Welt». Jesus war ein plebejischer Rebell, den die römische Obrigkeit im besetzten Palästina, der Gouverneur Pontius Pilatus, mit vollem Recht verfolgen und hinrichten ließ: «Dieser heilige Anarchist, der das niedere Volk, die Ausgestossenen und ‹Sünder› [...] zum Widerspruch gegen die herrschende Ordnung aufrief – mit einer Sprache, wenn den Evangelien zu trauen wäre, die auch heute noch nach Sibirien führen würde, war ein politischer Verbrecher [...].»

Für Nietzsche ist das kein historischer Zufall, sondern eine logische Konsequenz der christlichen Lehre und Theologie: «Dass Jeder als ‹unsterbliche Seele› mit Jedem gleichen Rang hat, dass in der Gesammtheit aller Wesen das ‹Heil› jedes Einzelnen eine ewige Wichtigkeit in Anspruch nehmen darf […] – eine solche Steigerung der Selbstsucht ins Unendliche, ins Unverschämte kann man nicht mit genug Verachtung brandmarken. Und doch verdankt das Christenthum dieser erbarmungswürdigen Schmeichelei vor der Personal-Eitelkeit seinen Sieg, – gerade alles Missrathene, Aufständisch-Gesinnte, Schlechtweggekommene, den ganzen Auswurf und Abhub der Menschheit hat es damit zu sich überredet.»

Die Auswirkungen reichen laut Nietzsche bis in die neue, moderne Zeit, in der die nivellierende Ideologie erst zu ihrer vollen demokratisch-umstürzlerischen Entfaltung kommt: «Das Gift der Lehre ‹gleiche Rechte für alle› – das Christenthum hat es am grundsätzlichsten ausgesät […]. Und unterschätzen wir das Verhängniss nicht, das vom Christenthum aus sich bis in die Politik eingeschlichen hat! Niemand hat heute mehr den Muth zu Sonderrechten, zu Herrschafts-Rechten […]. Der Aristokratismus der Gesinnung wurde durch die Seelen-Gleichheits-Lüge am unterirdischsten untergraben; und wenn der Glaube an das ‹Vorrecht der Meisten› Revolutionen macht und machen wird, das Christenthum ist es, man zweifle nicht daran, christliche Werturtheile sind es, die jene Revolution bloss in Blut und Verbrechen übersetzt!»

Ja, man kann gegen Religion sein, weil man die Menschen aus der Unmündigkeit befreien will. Aber auch, um dem Herrenmenschentum freie Bahn zu verschaffen. Um das moralische Bewusstsein zu zerstören.

KAPITEL 7

GUT UND BÖSE

Vor Schwarz-Weiß-Denken, Freund-Feind-Mentalität und überholtem, dogmatischem Beharren auf den Kategorien von Gut und Böse wird allgemein gewarnt. Man fand es peinlich und gefährlich, dass der amerikanische Präsident Ronald Reagan die Sowjetunion als «evil empire» bezeichnete. Nur ein ausrangierter Hollywood-Schauspieler, der im Grunde nichts von Politik verstand und sich die Weltgeschichte wie einen Western vorstellte, konnte die Dinge so fahrlässig vereinfachen. Wir trauen uns nicht, von unseren Soldaten zu sagen, dass sie in Afghanistan «für eine gute Sache» kämpfen – und dass ihre Gegner Feinde der Menschlichkeit sind. Auch jemandem ein schlechtes Gewissen zu machen, gehört sich nicht. Halb Ostdeutschland war verstimmt, als in dem erfolgreichen Kinofilm «Das Leben der Anderen» die DDR in voller Widerwärtigkeit dargestellt wurde; wo waren die Zwischentöne, der Sinn für die Halbheiten, in denen normale Menschen im Kommunismus nun einmal ihr Leben führen mussten? Joachim Gauck ist angeblich ein «Inquisitor» gewesen, weil er als oberster Stasi-Aufklärer nach 1989 die ehemaligen Spitzel aus dem öffentlichen Leben des vereinigten Deutschland fernhalten wollte. Und als die arabischen Völker ihre Diktatoren abzuschütteln begannen, hieß es gleich: Die Rebellen sind doch wahrscheinlich auch nicht besser als ihre Unterdrücker, und überhaupt kommen jetzt die Islamisten. Bloß keine ungeschützte, ungebremste, unterkomplexe Freude über die Revolution. Bloß nicht Partei ergreifen, bloß keinen klaren Unterschied zwischen Richtig und Falsch anerkennen, bloß nicht die lauwarme Zone aufgeklärter Differenziertheit verlassen.

Dagegen Lessing, der zu geistiger Schlichtheit nicht neigte: «Wer über gewisse Dinge den Verstand nicht verliert, hat keinen zu verlieren.» Man muss sich, wird uns ständig eingeredet, sehr davor hüten, unvorsichtige Werturteile zu fällen. In Wirklichkeit ist es genau umgekehrt: Wenn die Gegenwart an einem Defekt leidet, dann nicht an meinungsfreudiger moralischer Naivität, sondern an überschlauer Standpunktlosigkeit.

Der typische Europäer zu Beginn des 21. Jahrhunderts läuft nicht Gefahr, dass er die Welt simpel und manichäisch sieht, als Kampf zwischen Licht und Finsternis. Das Gegenteil ist viel verbreiteter: dass man sich nicht einmal mehr zu einem Minimum an Entschiedenheit aufraffen kann. Unsere Tendenz geht zur kompletten Desillusionierung, zur resignierten Einsicht, dass an allem Edlen etwas faul ist und dass die Grenzen zwischen Gut und Böse verschwimmen.

Religion ist demgegenüber die Welt, in der Gut und Böse nicht verschwimmen. Wenn man Leute fragt, was sie für die wichtigste Passage in der Bibel halten, antworten viele: die Zehn Gebote. Wobei eigentlich von den Zehn Verboten die Rede sein müsste. Gott hat den Israeliten (und indirekt der ganzen Menschheit) durch Mose klargemacht, wovon sie sich unbedingt fernhalten müssten: von Mord, Diebstahl und Ehebruch, von Lästerung und Lüge. Und er ist dabei sehr deutlich geworden, hat schweres Geschütz aufgefahren und bei Verstößen mit harten Konsequenzen gedroht: «Den Himmel und die Erde rufe ich als Zeugen gegen euch an. Leben und Tod lege ich dir vor, Segen und Fluch. Wähle also das Leben, damit du lebst, du und deine Nachkommen.» Das Glück und die ganze Existenz des jüdischen Volkes werden an den Gehorsam gegenüber den Lebensregeln gebunden, die Mose auf zwei Tafeln vom Berg Sinai hinuntergebracht hat. Jesus, von dem es gern heißt, dass er die strenge Vorschriftenmoral außer Kraft gesetzt und stattdessen Liebe und Gnade gepredigt habe, steht in Wahrheit in der Mose-Tradition: «Denkt nicht, ich sei gekommen, um das Gesetz und die Propheten aufzuheben. Ich bin nicht gekommen, um aufzuheben, sondern um zu erfüllen. Amen, das sage ich euch:

Bis Himmel und Erde vergehen, wird auch nicht der kleinste Buchstabe des Gesetzes vergehen, bevor nicht alles geschehen ist.»

Nicht in allen Glaubensrichtungen spielen Gesetz und Moral eine so überragende Rolle. Von den griechischen Göttern war sittlich nicht viel zu lernen. Aber auch die großen Figuren der Bibel sind keineswegs perfekt, sondern komplex, schwierig, gebrochen; manchmal sind sie arge Sünder. Jakob, einer der Erzväter des Volkes Israel, erschleicht sich mit einer Täuschung das «Erstgeburtsrecht», das ihn zum Chef seines Clans macht; eigentlich hätte das Privileg seinem älteren Bruder Esau zugestanden. Mose selbst, der Überbringer der Zehn Gebote, darf das Gelobte Land nicht betreten und muss an seiner Schwelle sterben, weil er Gott ungehorsam war. Petrus, der Oberjünger, von der katholischen Kirche als Begründer des Papsttums verehrt, verleugnet seinen Herrn, als das Bekenntnis zu ihm riskant gewesen wäre. Der Apostel Paulus war ein wütender Christenverfolger, bevor er sich bekehrte und die Botschaft des Christentums im Römischen Reich zu verbreiten begann. König Saul mit seinen Wahnsinnsanfällen, David, der einen treuen Offizier in den Tod schickt, weil er mit dessen Frau schlafen will, der ungläubige Thomas – die «Heilige Schrift» ist voll von Gestalten, die nicht zum Vorbild taugen. Die Bibel ist kein Fantasyroman und kein Videospiel, sie erzählt keine mythologischen Geschichten von Monstern und

Lichtwesen. Es gibt Zweifel, Anfechtung, Versagen noch und noch. Religion, richtig verstanden, eignet sich mitnichten als Quelle moralischer Selbstzufriedenheit und Rechthaberei.

Trotzdem: Die Unterscheidung von Richtig und Falsch, Erlaubt und Verboten ist überall ein Hauptgeschäft der Religion, auf den verschiedensten Ebenen – rituell, sozial, ethisch. Da gibt es Speisen, die man essen darf, und andere, von denen Abstand zu halten ist; was heute unbedenklich getan werden kann (Arbeit, Sex, ein Tempelbesuch), ist morgen aus Gründen des religiösen Kalenders ein Sakrileg, weil irgendein heiliger oder unheiliger Tag ansteht. Das «Gesetz des Manu», entstanden in Indien in den Jahrhunderten um Christi Geburt, kodifiziert das moralisch-religiöse Weltbild der Priesterschaft, der Brahmanen, mit genauen Vorgaben zur kultischen Reinheit und Unreinheit, zur Kastenordnung, zum Familienleben und zur Regierungsweise.

Sogar das Jüngste Gericht, die ultimative Stellungnahme zum Thema Gut und Böse, ist nicht auf Christentum und Islam beschränkt. Schon die alten Ägypter glaubten an ein Totengericht, bei dem die Seele des Verstorbenen auf eine Waage gelegt und geprüft wird, während der hundsköpfige Gott Anubis das Lot kontrolliert und der Schreiber Thot das Ergebnis notiert. Fällt das Urteil günstig aus, wird der Tote zum Gott Osiris geführt und darf auf ein glückliches Jenseits-

leben hoffen; besteht er den Test nicht, wird er der
«Vertilgerin» zum Fraß vorgeworfen, einem monster-
haften Mischwesen aus Krokodil, Nilpferd und Löwe,
das die Seele ganz und gar vernichtet, in einem zweiten
und endgültigen Tod.

Gut und Böse, Himmel und Hölle, Gott und Satan,
die apokalyptische Schlacht am Ende der Zeiten und
der Kampf um jede einzelne Seele: Die Religion ist
eine Welt der Alternativen; sie zwingt dazu, sich zu
entscheiden: «Leben und Tod lege ich dir vor, Segen
und Fluch.» Das erscheint heute anachronistisch und
gefährlich. Es macht den Glauben unpopulär in einer
Welt, die sich vom scharfen Gegensatz zwischen Gut
und Böse emanzipieren möchte. Die strenge Ethik des
«Du sollst nicht» erscheint jetzt nicht nur als lästig
und schwer zu erfüllen. Das war sie immer. Das Neue
ist, dass die Kritik an dieser Ethik selbst ethisch auftritt, dass sie eine bessere Ethik als den alten Absolutismus vom Sinai propagieren will. Die Verbotsmoral gilt
nun als unbarmherzig und unmenschlich – und die
Loslösung davon als Schritt zu einer großzügigeren,
zeitgemäßen Humanität. Die Gegner von Forschun-
gen, bei denen menschliche Embryonen vernichtet
werden, bekommen von den Befürwortern nicht etwa
zu hören, dass man sich über moralische Bedenken
leider hinwegsetzen müsse. In der Lockerung des Le-
bensschutzes soll sich vielmehr die höhere, fortge-
schrittenere Moral ausdrücken, eine «Ethik des Hei-

lens» oder «Ethik des Helfens» im Unterschied zu den unflexiblen, doktrinären Vorschriften von früher. Wie kann man es verantworten, Therapiechancen auszuschlagen und Generationen von Kranken ihrem vermeidbaren Leid zu überlassen? Wer auf absoluten, unverletzlichen Grenzen besteht, die dem Handeln gezogen sein sollen, gerät als weltfremder Hardliner ins Abseits – und als weltanschaulicher Reaktionär.

Es fällt nicht leicht, im Moralanspruch der Religion etwas Wertvolles zu sehen. Daran sind die Religiösen zu einem großen Teil selbst schuld. Am schlimmsten ist es, wenn die Glaubwürdigkeit fehlt. Der massenhafte Kindesmissbrauch durch katholische Priester, der in den letzten Jahren aufgedeckt wurde, hat nicht nur durch das Ausmaß der Verbrechen schockiert. Sondern auch wegen der geradezu gewohnheitsmäßigen Vertuschungsmentalität und Verantwortungsscheu der Kirche – einer Institution, die permanent als moralische Instanz auftritt und über andere zu Gericht sitzt. Wer so handelt, dem hört man zu Recht nicht mehr zu, wenn er redet. Der kann nicht länger Autorität beanspruchen.

Und selbst abgesehen von solcher Heuchelei, selbst wenn es aufrichtig zugeht bei den Ermahnungen zum Guten und den Warnungen vor dem Bösen: Hier gerät etwas aus den Fugen. Für die Religionen ist die Moral zum Hauptarbeitsfeld geworden, sie übersättigen und überfluten die Welt mit Moral, nicht nur mit Sexualmoral, wo die Sache am obsessivsten wirkt. Auch sonst wird in einem fort gemahnt, vorgeschrieben und Stellung genommen: zum Mindestlohn und zum Rechtsradikalismus, zur Entwicklungshilfe oder zur Organtransplantation. Keineswegs bloß im Christentum. Die Koran- und Scharia-Autoritäten sind noch viel regulierungsfreudiger, von der Frage, ob die Feier des Valentinstages unislamisch sei, bis zum Problem, ob Muslime Energy-Drinks konsumieren dürfen, weil durch natürliche Fermentation in diesen Produkten geringe Mengen an Alkohol entstehen können, den der Prophet den Gläubigen doch verboten hat. Der vielleicht populärste und einflussreichste muslimische Religionsgelehrte unserer Tage, Scheich Jussuf al-Qaradawi, hat seinen Ruhm mit dem Werk «Das Erlaubte und das Verbotene im Islam» begründet, sein Programm «Scharia und Leben» im arabischen Fernsehsender Al Jazeera sehen geschätzte sechzig Millionen Zuschauer, und eine Website, auf der man sich über die korrekte Lehrentscheidung bei sittlichen Zweifelsfällen des Alltags informieren kann, betreibt Qaradawi auch.

Die moralische Pedanterie der Priesterkaste, das Muckerhafte und die Besserwisserei und den mit ihr verbundenen Machthunger, den Tugendterror – das alles gibt es. Aber es gibt noch etwas anderes, eine echte Unbeugsamkeit im Angesicht von Zeitgeist und Bequemlichkeit, eine ethische Sturheit im guten Sinne, und damit ist nicht so leicht fertigzuwerden.

Die traditionelle katholische Moraltheologie zum Beispiel kennt einen Begriff, den sie «intrinsece malum» nennt, die «in sich schlechte» Handlung. Gewisse Dinge bleiben stets böse, ganz egal, wie die Umstände sind, ganz egal, welche edlen Zwecke damit verfolgt werden. So ist es nach dieser Lehre jederzeit unerlaubt, einen unschuldigen Menschen zu töten. Das Leben ist vom Schöpfer geschenkt, und nur er darf es wieder nehmen. Es ist, wie die Menschenwürde, die sich auf die Gottebenbildlichkeit gründet, heilig: also unantastbar. Das besondere Profil der katholischen Lebensschutzethik ergibt sich daraus, ihre verstörende Radikalität und Härte. Denn mit dem Motiv der Heiligkeit kommt etwas Objektives ins Spiel, etwas, das Unabhängigkeit vom Willen und vom Entscheidungsrecht des Einzelnen beansprucht. Wie dem Menschen durch keine äußere Erniedrigung und durch keine innere Selbstaufgabe seine Würde verloren gehen kann, wie er auf seine Würde nicht zu verzichten vermag, selbst wenn er es möchte – genau so ist nach dieser Lehre das Leben schützenswert, ganz gleich, ob es tatsächlich gewollt oder geachtet wird, von anderen oder vom Menschen selbst. Niemand darf darüber verfügen, auch sein «Besitzer» nicht, der eben kein Besitzer ist, sondern ein Treuhänder. Daher verwirft die Kirche nicht nur den Mord, sondern ebenso den Freitod oder die Tötung auf Verlangen – die Zustimmung des «Opfers» ändert aus ihrer Perspektive nichts an der objektiven Verwerflichkeit der Tat.

Man sieht sofort, wo die Probleme dieser Ethik und Weltsicht liegen: Wer darf behaupten, Einsicht in die «objektive» Ordnung der Dinge zu haben – eine Einsicht, die es ihm erlaubt, sich über den ausdrücklichen Willen eines Menschen in einer für diesen Menschen (und nur für ihn) existenziellen Frage hinwegzusetzen? Ist das nicht der Gipfel der Anmaßung? Muss nicht die Autonomie des Subjekts, seine Selbstbestimmung, der letzte Maßstab der Moral sein, statt eines angeblich objektiven Normen-Universums?

In Wahrheit jedoch richtet sich diese Ethik nicht gegen die menschliche Autonomie. Sie richtet sich gegen die Manipulation des Moralischen, gegen sein Entgleiten und seine Entstellung. Denn was heißt es, wenn dieses scheinbar anmaßende «intrinsece malum» nicht existiert, wenn es nichts gibt, was unter allen Umständen verboten und durch keinen Nutzen zu rechtfertigen ist? Dann wäre es beispielsweise erlaubt, einem gefangenen Terroristen mit der Tötung seines Kindes zu drohen, damit er das Versteck einer tickenden Bombe verrät, die tausend Menschen in die Luft zu sprengen droht – und es wäre auch erlaubt, das Kind wirklich umzubringen, damit der Verbrecher unsere Entschlossenheit begreift und zu reden beginnt, bevor wir sein zweites und sein drittes Kind auch noch töten. Denn was sind ein, zwei oder drei

Leben, die geopfert werden, gegen tausend, die man retten kann?

Auf den ersten Blick erscheint das vielleicht sogar plausibler als der ethische Absolutismus. Die Logik der Zahl hat etwas Unwiderstehliches. Aber genau damit gerät man in einen intellektuellen und moralischen Abgrund. Wenn man für die Rettung von tausend Menschen einen Unschuldigen umbringen darf, also eine Tat begehen, die sonst als schwerstes Verbrechen gelten würde – dann vielleicht auch für die Rettung von hundert? Oder für zehn, oder für zwei? Womöglich sogar für einen, wenn der ein besonders guter Mensch ist oder ein vielfacher Familienvater oder ein bedeutender Wissenschaftler? Auf jede einzelne dieser Fragen sind scharfsinnige, rationale, wohlgemeinte Antworten denkbar, aber als Ganzes können sie nur Hirnsausen erzeugen. Ein moralisches Bewusstsein, das sich von allem Unbedingten emanzipiert und den elementaren Unterschied von Gut und Böse aufhebt, wird nicht etwa eine zeitgemäße, aufgeklärte, vorurteilsfreie Ethik hervorbringen. Sondern den kompletten Irrwitz.

Es geht nicht darum, mit Horrorphantasien Angst vor dem moralischen Chaos zu verbreiten. Aber es gibt eine fundamentale Alternative zwischen einer Weltsicht, in der zwischen Gut und Böse eine echte Grenze verläuft und man versuchen muss, auf der richtigen Seite zu bleiben – und einer anderen, die sich das ethische Universum flexibel vorstellt, als dynamisches

Kontinuum, wo nie etwas hundertprozentig ausgeschlossen und nie etwas unausweichlich geboten ist, sondern grundsätzlich alles möglich, wenn es Wohlbefinden und Nutzen mehrt. Dieses Denken muss überhaupt nicht egoistisch sein; es kann von den besten Absichten für alle Menschen und für künftige Generationen geleitet sein: dem Streben nach dem «größten Glück der größten Zahl», wie die klassische Formulierung für das Ideal dieser Philosophie lautet. Es ist keine unmoralische, es ist im Gegenteil eine hochmoralische Welt, die sich von der Steintafelgesetzgebung à la Sinai verabschiedet hat. In der neuen Welt stehen Werte, Ethik und Verantwortung hoch im Kurs, eine intensive Diskussionskultur und hohe emotionale Sensibilität ebenfalls. Nur Gut und Böse kennt sie nicht.

Das erste der beiden Weltbilder, das alte, scheint naiv und kindlich zu sein, das zweite, neue erwachsen und aufgeklärt. Muss man nicht wirklich immer offen sein, undogmatisch, zur Revision jedes Standpunkts bereit? Dagegen Gut und Böse: das sind die Kategorien von Jugendbüchern, Cowboyfilmen und vielleicht noch der patriotischen Propaganda. Aber es ist etwas Eigentümliches mit dem moralischen Kosmos: Die Leistung besteht hier nicht so sehr darin, erwachsen zu werden, sondern sich einen Rest an Kindlichkeit zu erhalten. Entgegen den ewigen Warnungen vor dem Schwarz-Weiß-Denken fällt es den meisten Leuten überhaupt nicht schwer, im Laufe ihres Lebens Werte und Überzeugungen zu relativieren. Kompromisse zu schließen und sich durchzumogeln, müde und realitätstauglich zu werden, ist der normale Lauf der Dinge. Das Kunststück ist viel eher das Umgekehrte: dabei nicht alles zu vergessen und zu verraten, was man einmal für wahr gehalten und geliebt hat. «Dass er für die Träume seiner Jugend / Soll Achtung tragen, wenn er Mann sein wird», hofft der Marquis von Posa in Schillers «Don Carlos» für seinen Freund und Zögling, den spanischen Kronprinzen, und wirklich ist das viel eher die Aufgabe im moralischen Reifungsprozess als die Befreiung von Illusionen. Die findet sowieso statt. Die Linie zwischen Gut und Böse ist nicht immer gerade und nicht einmal immer klar; manchmal scheint sie zu verschwimmen, und man erkennt ihren Verlauf nicht. Aber sie gar nicht mehr zu suchen oder an ihre Existenz nicht länger zu glauben – das ist etwas anderes.

Denn wenn wir ehrlich sind, ist die angebliche Komplexität der moralischen Verhältnisse oft bloß eine Ausrede. Es ist eine Legende, dass die Entscheidungssituationen unseres Lebens uns dauernd in neblige Landschaften von zerfließendem Grau in Grau stellen würden; sie sind meist nicht schwarz-weiß, aber Hellgrau und Dunkelgrau lassen sich in der Regel ganz gut auseinanderhalten. Wir wissen recht genau, wann uns unsere Karriere wichtiger war als unsere Kinder oder

Eltern, und schämen uns insgeheim auch dafür; aber es ist nicht angenehm, sich das einzugestehen, und so legen wir uns Theorien über die widersprüchlichen, gleichermaßen wichtigen Herausforderungen zurecht, die am modernen Menschen zerren, und über seine nie restlos auflösbaren Konflikte.

Man kann das ähnlich in der Politik beobachten. Es ist auch bei Kriegen und Bürgerkriegen selten so, dass alle Seiten im selben Maße Schuld haben und das ganze Geschehen vor allem ein Beispiel für die tragischen Verstrickungen der Weltgeschichte ist oder für uralten, in seinem Recht und Unrecht nicht mehr ergründbaren Völkerhass. Meist lassen sich bei näherem Hinsehen Angreifer und Verteidiger, Täter und Opfer schon erkennen, nicht Helden und Monster, aber doch eine etwas besser und eine etwas schlechter aussehende Seite. Freilich kann es mühsam sein, die Sache zu recherchieren, und wenn man dann vom einen eigentlich kein Öl mehr kaufen sollte und dem anderen vielleicht sogar mit Soldaten helfen müsste – dann wird die Angelegenheit richtig unbequem, und man fährt besser mit dem Gemeinplatz, dass in der Politik jeder seine Interessen hat und die Verhältnisse zu unübersichtlich sind, um Partei zu ergreifen. In Wahrheit ist nicht so sehr die Lage problematisch und unklar, sondern wir sind es. Komplexität ist viel seltener die Ursache moralischer Unentschiedenheit, als wir es gern hätten. Und Feigheit viel öfter.

Gläubige sind keine besseren Menschen. Sie versagen *vor* ihrem Glauben (indem sie schwach sind und seine Gebote nicht halten), und sie versagen *durch* ihren Glauben (weil er sie zum Fanatismus und zum moralischen Hochmut verführen kann). Aber dass Gut und Böse keine Einbildung sind, sondern eine Realität, dass man nicht alles haben kann, sondern sich entscheiden muss, dass eine schwachsinnige Trinkerin, die ihr Kind zur Welt bringen will, ein Recht darauf hat, während der kluge Sozialplaner und Erbgutverbesserer, der es ihr versagen will, ein gottverdammter Narr ist, egal welche positiven Folgen für die Gesellschaftsentwicklung sich aus seinen Kalkülen ergeben, weil das Menschenleben heilig ist, heilig, heilig – das wird von keiner Instanz in der Welt, gegen die Welt so hochgehalten und verteidigt wie von der Religion. Das bleibt. Und es ist, nach unserer bescheidenen Erfahrung mit ein paar Jahrtausenden Menschheitsgeschichte, unersetzlich.

KAPITEL 8

SEX

Es gibt zwei Arten von Religionskritik – und die zweite, die einem nicht gleich einfällt und die einen Umweg nimmt, ist wirkungsvoller. Die erste sagt: Religion ist unwahr. Vielleicht eine Lüge, vielleicht ein Irrtum, jedenfalls unwahr. Es gibt keinen Gott, keine Wunder, keine unsterbliche Seele; was immer der Glaube an «Tatsachenbehauptungen» aufstellt, stimmt nicht. Die Äthiopier hielten die Götter für stumpfnasig und schwarz, die Thraker für blauäugig und blond, und wenn die Pferde Götter hätten, würden sie wie Pferde aussehen, hat schon der griechische Philosoph Xenophanes im 6. Jahrhundert vor Christus gespottet – eine Vorformulierung von Ludwig Feuerbachs These, dass nicht Gott den Menschen, sondern der Mensch Gott nach seinem Bilde erschaffen habe. Die Religion ist eine Märchenwelt für Erwachsene, ein primitives Welterklärungssystem, und wer wirkliche, wissenschaftliche Erkenntnis gewinnt, braucht diese Scheinweisheit nicht mehr. Der große französische Astronom Pierre-Simon Laplace hat zu Beginn des 19. Jahrhunderts als Erster eine Theorie über die Entstehung unseres Planetensystems entwickelt: Aus einer riesigen, kreisenden und strudelnden Gaswolke hätten sich die Sonne und die Planeten zusammengeballt. Als der Astronom seine Ideen Napoleon vortrug, fragte der Kaiser nach dem Platz Gottes in dieser Konstruktion. Laplace antwortete: «Dieser Hypothese, Sire, bedurfte ich nicht.»

Das ist die Stimme der wissenschaftsgläubigen, kognitiven Religionskritik, die sich gegen die faktische Richtigkeit der Glaubensaussagen wendet. Etwas vulgärer Jurij Gagarin, der sowjetische Kosmonaut und erste Mensch im All: Er habe sich da oben genau umgesehen, aber keinen Gott entdecken können. Man kann den Glauben auch evolutionsbiologisch attackieren: Der Mensch ist nicht aus einem bewussten Schöpfungsakt entstanden, sondern Produkt eines blinden natürlichen Selektionsprozesses. Oder historisch-kritisch: Die ganze Bibel steckt voller Fehler und Widersprüche, der Evangelist Johannes schildert einen vollkommen anderen Jesus als seine Kollegen, die Hälfte der Paulus-Briefe stammt gar nicht von Paulus, überall ist von einem unmittelbar bevorstehenden Weltende die Rede, das bis heute nicht eingetreten ist – wie soll man glauben, dass der Held dieses zusammengeflickten Geschichtenbuchs Gottes Sohn war und von den Toten auferstanden ist?

Die andere Spielart von Religionskritik operiert

nicht kognitiv, sondern moralisch und psychologisch. Sie sagt weniger, dass Religion falsch, sie sagt vor allem, dass sie schädlich ist, dass sie dem Menschen nicht guttut und in der Welt Unheil anrichtet. Auch sie stammt schon aus der Antike. In seinem Lehrgedicht «Über die Natur der Dinge», dem europäischen Gründungsdokument einer radikalen Aufklärung, rühmt der römische Poet Lukrez den griechischen Philosophen Epikur, weil er mit seinem Materialismus die Furcht vor den Göttern vertrieben habe. Seit Urzeiten hätten die Menschen unter dem Druck eines drohenden Himmels gelebt, der ihnen mit Blitz und Donner Angst machte; das war die Quelle und Stärke der Religion. Die Götter waren der Kinderschreck der jungen, unreifen Menschheit, sie haben sie geknechtet und geduckt. Die Naturphilosophie, die zeigen konnte, dass in Wahrheit nichts auf der Welt existiert als die Atome und der leere Raum, hat einen bösen, magischen Bann gebrochen, eine geistige Gefangenschaft beendet.

Lukrez setzt sich mit der bis heute nicht erledigten Frage auseinander, ob der Atheismus eine moralische Gefahr bedeutet: Wird man ein schlechter Mensch, womöglich zum Verbrecher, wenn man die Strafe der Überirdischen und die ewige Gerechtigkeit im Jenseits nicht mehr fürchtet? Er antwortet: Nein, im Gegenteil; nicht der Unglaube, sondern die Religion ist es, die aus den Menschen Untäter, sogar Ungeheuer macht. Und er bringt ein Beispiel, das jeder seiner Leser kannte, weil es in der klassischen griechischen Literatur, besonders in der Tragödiendichtung, zu den allerberühmtesten Geschichten zählt: das Opfer der Iphigenie. Auf dem Feldzug nach Troja liegt die griechische Flotte im Hafen fest, wegen einer hartnäckigen Windstille. Die Priester werden nach einer Erklärung befragt und geben zur Antwort: Die Göttin Artemis sei erzürnt; um sie zu besänftigen, müsse Iphigenie, die Tochter des Heerführers Agamemnon, als Menschenopfer am Altar getötet werden. Und König Agamemnon tut es, er gehorcht. Der Befehl der Göttin (oder das, was die Priester als göttlichen Befehl ausgeben) ist stärker als seine Vatergefühle. Lukrez drückt die Perversion des Geschehens in einem starken Bild aus: Als Braut sollte eine junge Frau zum Altar treten, stattdessen wird sie hingeschlachtet. «Zu solchen Scheußlichkeiten», schließt der Dichter sein abschreckendes Beispiel, «vermag Religion die Menschen zu bringen.»

Die moralisch-psychologische Religionskritik geht stärker unter die Haut als die intellektuell-faktische; sie ist dynamischer und aggressiver, sie sieht den Glauben nicht als Schleier, sondern als Gift – das schafft eine ganz andere, viel bitterere Feindseligkeit als die siegesgewisse Überzeugung, dass der abstruse Gotteskram von der Wissenschaft erledigt und eines Tages ausgestorben sein wird. Der unerreichte, enthemmteste Meister dieser aggressiven Religionskritik, der sie bis zum Totalangriff auf den Glauben als Inbegriff der Lebensangst und Lebensverneinung gesteigert hat, ist Nietzsche. In seiner Spätschrift «Ecce Homo», schon an der Schwelle des 1889 ausbrechenden Wahnsinns verfasst, hat er die Essenz seiner Vorwürfe zusammengefasst:

«Der Begriff ‹Gott› erfunden als Gegensatz-Begriff zum Leben, – in ihm alles Schädliche, Vergiftende, Verleumderische, die ganze Todfeindschaft gegen das Leben in eine entsetzliche Einheit gebracht! Der Begriff ‹Jenseits›, ‹wahre Welt› erfunden, um die *einzige* Welt zu entwerthen, die es giebt, – um kein Ziel, keine Vernunft, keine Aufgabe für unsre Erden-Realität übrig zu behalten! Der Begriff ‹Seele›, ‹Geist›, zuletzt gar noch ‹unsterbliche Seele›, erfunden, um den Leib zu verachten, um ihn krank – ‹heilig› – zu machen, um allen Dingen, die im Leben Ernst verdienen, den Fragen von Nahrung, Wohnung, geistiger Diät, Krankenbehandlung, Reinlichkeit, Wetter, einen schauerlichen Leichtsinn entgegenzubringen! […] Der Begriff ‹Sünde› erfunden […], um die Instinkte zu verwirren, um das Misstrauen gegen die Instinkte zur zweiten Natur zu machen! […] Endlich – es ist das Furchtbarste – im Begriff des *guten* Menschen die Partei alles Schwachen, Kranken, Missrathnen, An-sich-selber-Leidenden genommen, alles dessen, *was zu Grunde gehn soll* –, das Gesetz der *Selektion* gekreuzt, ein Ideal aus dem Widerspruch gegen den stolzen und wohlge-

rathenen, gegen den jasagenden, gegen den zukunfts-
gewissen, zukunftsverbürgenden Menschen gemacht –
dieser heisst nunmehr *der Böse* … Und das Alles wurde
geglaubt *als Moral!*»

Die Religion als Krankheit, als verbiegende oder
zerstörerische Macht: die Gegenwart kennt das in dop-
pelter Gestalt. Einmal als Gewalt und politische Be-
vormundung im Namen des Glaubens – aus westlicher
Sicht in erster Linie ein Problem des Islams. Der andere Fall geht das Christentum an. Das ist die repressive Sexualmoral der Religion, ihre Lust- und Frauen-
feindlichkeit, die ganze abwehrende, madigmachende
und misstrauische Grundhaltung, die sie gegenüber
der körperlichen Liebe einnimmt. Die künstliche
Empfängnisverhütung, die Homosexualität, der vor-
eheliche Geschlechtsverkehr: alles Gegenstand geistlichen Tadels und geistlicher Anprangerung, mit einer
Häufigkeit und Intensität, die manchmal selbst schon
wie sittliche Pornographie wirkt. Diese Sexualmoral
kann als ehrliche Verklemmtheit oder als heuchlerische
Doppelmoral daherkommen. Sie kann mächtig oder
ohnmächtig sein, sie kann Menschen ihre Normen
aufzwingen und sie an der Verfolgung ihrer Glücks-
vorstellungen hindern oder mit kraftlosen onkelhaften
Mahnungen am Rand der modernen Gesellschaft stehen, unbeachtet und sogar der Lächerlichkeit preisge-
geben. Das päpstliche Verbot der Pille stürzt die einen
in Gewissensnot und löst bei den anderen nur entgeis-

tertes Kopfschütteln aus. Aber der Impuls der erotischen Gängelung dürfte allgemein als eine der stärksten Lebensäußerungen des Glaubens und seiner Vertreter gelten, wahrscheinlich als stärkste überhaupt. Fromm fickt schlecht.

Der Eindruck, dass die Religionsautoritäten, vor allem die katholische Kirche, unter einer negativen Fixierung auf das Sexualleben leiden, ist keineswegs eine Täuschung oder böswillige Verzerrung. Der Papst selbst weiß es. Schon als er noch Kardinal Ratzinger war, hat er die eigene Kirche davor gewarnt, sich zu sehr als Moralinstanz darzustellen. Er zog die rigiden Normen nicht in Zweifel, hielt es aber für falsch, ständig auf ihnen herumzureiten. Das Zentrum des Christentums sei schließlich nicht die Moral, sondern etwas anderes: Liebe, Erlösung, der menschgewordene Gott. Statt immer nur von Verboten, so Ratzingers Überzeugung, solle man mehr von der Größe und Schönheit des Glaubens sprechen.

Im ersten Jahr seines Pontifikats, zu Weihnachten 2005, veröffentlichte Ratzinger als neuer Papst Benedikt XVI. ein erstaunliches Dokument – seine erste Enzyklika, sein erstes amtliches Lehrrundschreiben, unter dem Titel «Deus caritas est»: Gott ist die Liebe. Es wäre eine bequeme Gelegenheit gewesen, im Zuge der Betrachtungen über die richtige, wahre Liebe die falsche und verkehrte zu geißeln, die Schwulenehe und den Kondomgebrauch zu verurteilen und so weiter.

Aber der Papst tat nichts dergleichen. Ein bisschen Kulturkritik an der Kommerzialisierung des Sex, das war schon alles, was geboten wurde. Stattdessen stellte Benedikt XVI. fest, dass «Agape» und «Eros», die christliche Gottes- und Nächstenliebe und das menschliche Begehren von Mann und Frau, letztlich zusammengehören, aus ein und derselben Quelle fließen: man darf sie nicht mechanisch auseinanderdividieren und gegeneinander in Stellung bringen. Gar nicht pfäffisch, sondern platonisch-antik preist der Papst die heraus- und emporreißende, ekstatische Wirkung der erotischen Liebe, die zwar der «Reinigung» bedarf, aber tatsächlich einen Weg zum Göttlichen eröffnet. Er setzt sich sogar mit Nietzsche auseinander, mit seinem Vorwurf, das Christentum habe dem Eros Gift zu trinken gegeben; er sei daran zwar nicht gestorben, aber zum Laster entartet. Benedikt XVI. weiß genau, welchen Schaden das fromme Moralisieren anrichten kann.

«Deus caritas est» ist ein kühner Text: eine christlich-philosophische Liebeserklärung an die Liebe – eine Liebe, die nicht einfach die blutleere sogenannte «Liebe» ist, von der die Kirche sonst redet. Kein Papst vor Benedikt XVI. hat so etwas gewagt. Zugleich ist die Enzyklika vollkommen wirkungslos geblieben. Fast niemand hat sie gelesen, das Bild des Katholizismus hat sie nicht verändert. Das ist auch begreiflich – die Morallehre bleibt unter Benedikt XVI. ja immer noch dieselbe. Seine Strategie ist: Lasst uns lieber von anderen Sachen reden. Das dürfte den Gläubigen, deren Lebensform von der Kirche missbilligt wird, nicht reichen und den Ungläubigen erst recht nicht.

Das Problem der Religion mit dem Sex reicht tiefer als nur bis zu ein paar Vorschriften. Es reicht auch über die katholische Kirche hinaus. Von einem protestantischen Pfarrer oder Bischof in Deutschland wird man nicht viel über Bettgeschichten zu hören bekommen. (Seine moralischen Energien richten sich typischerweise gegen den Klimawandel oder überhöhte Managergehälter.) Aber schon in den Vereinigten Staaten ist das anders. Nicht bloß das Recht auf Schwangerschaftsabbruch, sondern auch die künstliche Empfängnisverhütung wird auf der religiösen Rechten angegriffen – und da sind die Protestanten viel wichtiger und mächtiger als die Katholiken.

Religionen müssen nicht prüde oder generell asketisch sein. Aber zumindest die monotheistischen Religionen haben ein Problem mit der Lust und mit der Frau als angeblicher Agentin der Lust. Reinheit und Unreinheit sind in den heiligen Schriften ein großes Thema (gern im Zusammenhang mit Menstruation oder Schwangerschaft), es wimmelt nur so von Enthaltsamkeitsregeln und Keuschheitsgeboten für bestimmte Zeiten oder Stände, von Bekleidungsvorschriften und Warnungen vor den Versuchungen des (weiblichen) Geschlechts. Es war Eva, die Adam zur Sünde verführte, nicht umgekehrt; mit dieser Asymmetrie fängt die biblische Geschichte von Mann und Frau an. Wenn das Volk Israel sich von seinem Gott Jahwe abkehrt, wird der Bundesbruch bildlich als Ehebruch gedeutet, als Hurerei. Jesus scheut sich nicht, mit Prostituierten Umgang zu haben, aber das strenge mosaische Verbot der sexuellen Untreue verschärft er noch, ins Innerliche und nahezu Unmögliche: «Ihr habt gehört, dass gesagt worden ist: Du sollst nicht die Ehe brechen. Ich aber sage euch: Wer eine Frau auch nur lüstern ansieht, hat in seinem Herzen schon Ehebruch mit ihr begangen.»

Hütet euch vor der Unzucht, ermahnt der Apostel Paulus die urchristliche Gemeinde in Korinth, und stellt fest, dass «weder Ehebrecher noch Lustknaben noch Knabenschänder» Anteil am Reich Gottes haben werden. Bei näherer Erörterung der Unzucht entwickelt er eine recht abenteuerliche Mystik: «Wisst ihr nicht, dass eure Leiber Glieder Christi sind? Darf ich nun die Glieder Christi nehmen und zu Gliedern einer Dirne machen? Auf keinen Fall! Oder wisst ihr nicht: Wer sich an eine Dirne bindet, ist *ein* Leib mit ihr? Denn es heißt: Die zwei werden ein Fleisch sein. Wer sich dagegen an den Herrn bindet, ist *ein* Geist mit ihm. Hütet euch vor der Unzucht! Jede andere Sünde, die der Mensch tut, bleibt außerhalb des Leibes. Wer aber Unzucht treibt, versündigt sich gegen den eigenen Leib. Oder wisst ihr nicht, dass euer Leib ein Tempel des Heiligen Geistes ist, der in euch wohnt und den ihr von Gott habt?» Offenbar ist für den Apostel das fleischliche Sündenpotenzial zutiefst mit dem weiblichen Körper verbunden, wie eine Krankheit, die im Leib steckt und mit der man sich infizieren kann. Moralisch wird der Mann nicht entlastet, aber seinsmäßig, metaphysisch ist das große Problem die Frau. Diese Art Schuldzuweisung hat im Christentum mit Paulus nicht etwa aufgehört. Was hochberühmte Theologen der Kirchengeschichte über das weibliche Geschlecht gelehrt haben, geht über bloße Ungleichbehandlung und sogar Abwertung weit hinaus. Es handelt sich vielfach um blanken, geistig bizarr drapierten Frauenhass. Man fragt sich, aus welchen unaufgeräumten Seelenkellern diese vollkommen überschießenden Verdammungsenergien stammen. Es ist eine Absurdität und eine Schande.

Und dann der Islam. Seine Verteidiger erklären: Bei den frauenfeindlichen Vorschriften geht es gar nicht um Religion, es geht um Kultur; nicht Mohammeds Lehre, sondern die Traditionen der arabischen Stammesgesellschaft haben diesen repressiven Charakter, oft sind die eigentlichen Religionsregeln liberaler als der patriarchalische Sittenkodex. So ist es etwa kein islamischer, sondern ein vorislamischer Brauch, dass Frauen sich verschleiern sollen. Der Koran verlangt lediglich von beiden Geschlechtern, dass sie sich anständig zu kleiden haben. Die Steinigungen wegen

Ehebruch, die grauenhaften Bestrafungen von Frauen, die erst vergewaltigt wurden und dann auch noch ausgepeitscht werden, weil sie ja außerehelichen Geschlechtsverkehr hatten und unkeusch waren – alles nach dieser Lesart nichts wirklich Muslimisches, sondern archaische Barbarei.

Kann sein. Aber warum sind es Geistliche, vom saudischen Gottesstaat bis zu den Fatwas irgendwelcher Internet-Mullahs, die diese Intimthemen mit solcher Besessenheit traktieren? Warum wird die Verheiratung junger Mädchen unter Hinweis auf den Propheten Mohammed gerechtfertigt, dessen dritte Frau, Aisha, im Kindesalter gewesen sein soll – sechs, als die Ehe vereinbart, und neun, als sie «vollzogen» wurde? Woher, bei den Verschleierungsdiskussionen, die Phantasie von der Frau als unwiderstehlicher Verführung, die unbedingt eingepackt und unsichtbar gemacht werden muss, damit der Mann sich bei ihrem aufreizenden Anblick nicht vergisst und über sie herfällt? Das ist doch dieselbe fixe Idee von den quasisatanischen Qualitäten des Weiblichen, die von der Sündenmutter Eva bis zur geistlich ansteckenden «Dirne» des Apostels Paulus durch die Köpfe der männlichen Religionselite geistert. Die ägyptisch-amerikanische Journalistin Mona Eltahawy berichtet, wie sie als Fünfzehnjährige bei ihrem ersten Besuch in Saudi-Arabien Kleriker im Fernsehen erklären hörte, dass ruhig seine Gebete verrichten könne, wer von einem männlichen Baby ange-

pinkelt wurde; der Urin eines kleinen Mädchens allerdings sei eine andere Sache und mache es erforderlich,
dass man vor Ausübung seiner religiösen Pflichten die
Kleidung wechsele. Eltahawy datiert von der Begegnung mit solchen Lehren ihre jugendliche, schockhafte
Hinwendung zum Feminismus.

Die Ideologie, die hier auf die Spitze getrieben wird,
sich aber auch sonst im religiösen Milieu bemerkbar
macht, ist abwegig, sexistisch und in der Tat lebens-
feindlich. Ebenso die Regulierungswut, die aus ihr
hervorgeht, die haarspalterischen Unterscheidungen
zwischen zulässigen und unzulässigen Methoden der
Geburtenkontrolle, das peinliche politische Lobby-
ing des Vatikans oder etlicher nationaler Bischofskon-
ferenzen gegen mehr Rechte für homosexuelle Paare.
Die geistlichen Autoritäten haben es geschafft, aus
einer Nebensache im Glaubenskosmos das Haupt-
thema zu machen; schädlich für Religion und Menschen gleichermaßen.

In einem geradezu tragischen Akt der Selbstbeschä-
digung begräbt insbesondere die katholische Kirche
dabei ein echtes und wichtiges moralisches Thema, das
sie fast allein in der öffentlichen Arena vertritt, unter
dem Schrott ihrer Sittenrichterei. Die Rede ist von
der Abtreibung. Aus der Perspektive des Publikums
muss der Protest gegen den Schwangerschaftsabbruch
als Teil eines endlosen klerikalen Lamentos über die
Zügellosigkeiten der Moderne erscheinen. Doch in

Wahrheit ist die Abtreibung kein Gegenstand der Sexualethik, sondern eine Frage von Leben und Tod. Es macht einen himmelweiten Unterschied, ob das einvernehmliche Tun erwachsener Menschen zur Diskussion steht oder die Existenz eines ungeborenen Kindes. Sex ist nicht nur Privatsache, sondern vielleicht gar kein sinnvoller Gegenstand ethischer Normierung, weil es hier überhaupt nichts allgemeingültig Richtiges oder Falsches gibt, bloß freie Vereinbarungen. Für die Frage, ob der Fötus ein Mensch ist und was man mit ihm tun darf, gilt das gewiss nicht.

Es ist schwer genug, diese moralische Dimension des Schwangerschaftsabbruchs sichtbar zu machen. Denn natürlich geht es hier nicht nur um Lebensschutz, sondern auch um das Geschlechterverhältnis. Abtreibung ist eine Machtfrage, sie hat eine lange und böse Geschichte, sie steht historisch für das angemaßte Recht von Männern, den Körper von Frauen zu kontrollieren. Die Sache spitzt sich zu, wenn dieser Anspruch von einer zölibatären Bürokratie alter Herren erhoben wird, wie der hohe katholische Klerus sie darstellt – eine Gruppe von Leuten, die nicht einmal indirekt, als Partner und Väter, an der Last und Verantwortung des Kinderkriegens teilhaben. Die Legitimation einer solchen Instanz, Schwangeren vorzuschreiben, was sie tun und lassen sollen, mit lebenslangen Folgen, ist ohnehin begrenzt. Wenn die Abtreibungskritik dann auch noch als Spezialfall einer allgemein freudlosen und missgünstigen Sexualpolitik mit autoritärer Grundstimmung auftritt, ist die Partie komplett verloren.

Die Kirche hat aber jedes Recht und sogar die Pflicht, die Gesellschaft auf ihre Inkonsequenz bei diesem Thema hinzuweisen: Das ökologische Bewusstsein hat die Sensibilität für das nichtmenschliche Leben ungeheuer geschärft, mit Argusaugen wird in der Bioethik über das Schicksal von Embryonen und befruchteten Eizellen im Labor gewacht, aber die Elimination sehr viel weiter entwickelten Menschenlebens im Mutterleib ist allgemein akzeptiert – als individuelles moralisches Problem nicht geleugnet, als soziales Phänomen beklagt, aber letztlich hingenommen. Wer dagegen protestiert, vertritt eine unpopuläre, aber starke Sache. Es ist die ureigene Sache des Christentums: einzutreten für das, was keine Lobby hat. Sind die Ungeborenen nicht eine unterprivilegierte, kulturell und politisch sprachlose Art von Wesen (ähnlich wie früher die Sklaven), deren Rechte missachtet werden, wenn sie keinen Anwalt finden, der sich ihre Angelegenheit zu eigen macht? Wo hat der Christ zu stehen, wenn nicht auf der Seite der Kleinheit und Schwäche? Die Abtreibungsgegnerschaft der katholischen Kirche ist strikter, reiner Ausdruck ihrer Treue zum Kreuz und zum Gekreuzigten. Das ist die richtige Art, den «Zeitgeist» herauszufordern; die Kondome und ihre Nutzer soll man in Ruhe lassen.

Und einfach nur zum Sex, zur Lust, zur Liebe, ohne dass es gleich um Leben und Tod geht, wäre religiös gar nichts zu sagen? Doch, aber etwas Unbefriedigendes und Unheimliches: dass Religion hier an eine Grenze stößt, eine Grenze ihrer Erklärungskraft und Zuständigkeit, ihres Universalitätsanspruchs. Die monotheistische Religion, wie die Bibel oder der Koran sie verstehen, will das Ganze umfassen: Leben und Tod, Diesseits und Jenseits, das Urteil über Gut und Böse. Dem Erotischen jedoch kann sie keinen Platz anweisen; es ist in der religiösen Welt nicht zu verorten, kein Ding des Himmels oder der Hölle. Der Eros als personifizierte Gestalt ist nicht zufällig weder Engel noch Teufel, sondern ein griechischer Gott – mit Liebe und Sex ragt ein Stück Heidentum in die metaphysisch und moralisch geordnete Welt von Mose, Paulus oder Mohammed hinein. Es gibt kein Jenseits von Gut und Böse, sagt das Gesetz des Sinai, alles ist entweder erlaubt oder verboten. Doch der Eros steht in einem gewissen Sinne jenseits von Gut und Böse. Er kann Gutes wie Böses bewirken, aber selbst ist er das eine so wenig wie das andere; er ist schlicht eine ungeheure, auf nichts anderes reduzierbare Kraft. Sogar das Christentum mit seiner beispiellos erweiterten und unkonventionellen Theologie bietet dieser Realität nicht wirklich Raum. Das Kreuz hat das Leiden in das Gottesbild und in die Grundformel des Universums integriert. Die Lust nicht.

Das also bleibt von der religiösen Quälerei und Selbstquälerei beim Thema Sex: das Bewusstsein einer Spannung, eines Risikos, einer Gleichung, die nicht aufgehen will. Es gibt einen Widerspruch zwischen dem Schweifenden und Unruhigen, der Gier und Neugier, die das Begehren umtreibt – und dem Versprechen des Endgültigen, des Ein-für-alle-Mal, das ebenfalls in der erotischen und sexuellen Liebe steckt. Denn die Suche nach Halt und Form, das Bekenntnis zum Beständigen ist kein nachträgliches Moralisieren und keine autoritäre Priesterforderung; das alles ist, auf andere Weise, genauso «natürlich» wie die Promiskuität. Die Liebenden selbst möchten, von sich aus, dass ihre Liebe exklusiv und dauerhaft ist, und irgendein vielleicht ferner, aber unverkennbarer Bezug zur Liebe ist aus der Sexualität nicht wegzubekommen, aus keiner Sexualität. «Alle Lust will Ewigkeit, will tiefe, tiefe Ewigkeit», hat auch der Anti-Christ Nietzsche gewusst. Der klassische Name dafür ist Treue.

Das steht anthropologisch und existenziell hinter der Idee der monogamen, unauflöslichen Ehe, die von der katholischen Kirche mit einseitigem Eifer verteidigt wird. Viel spricht dafür, dass sie nur im Ausnahmefall gelingt und dass ihre Erhebung zum unbedingten Prinzip mit fatal hohen Kosten verbunden ist. Der Bindungs- wirkt eine Auflösungskraft entgegen, etwas, das tatsächlich die Antike in unbezähmbaren Elementargottheiten wie dem Rauschdämon Dionysos oder

der Liebeszauberin Aphrodite am besten ausgedrückt hat und das man kaum einfach wie der Apostel Paulus in seinen Schimpfereien über die Sünde als bloß verwerflich abtun kann. Doch richtig und schön wird man es ebenso wenig nennen. Es ist etwas anderes, Drittes, und die Religion hat darauf so wenig einen Reim gefunden wie jeder von uns.

KAPITEL 9

DIE VERLORENE SCHULD

Im März 1769 legte im französischen Atlantikhafen Brest ein Schiff an, das von einer zweieinvierteljährigen Weltreise zurückkehrte. Die «Boudeuse» unter dem Kommando ihres Kapitäns Louis-Antoine de Bougainville war um die Südspitze Lateinamerikas herum in den Pazifik gesegelt – an Australien vorbei und in den Indischen Ozean und schließlich westlich von Afrika zurück in den Atlantik und wieder nach Frankreich. Bougainville hatte auf der Reise mehrere exotische Inseln besucht und erforscht, darunter Tahiti, das er als «Neu-Kythera» für seinen König in Besitz nahm und von wo er einen jungen Eingeborenen, den Sohn eines Stammesfürsten, nach Paris mitbrachte. Die Reiseerlebnisse machten Sensation. Das Publikum war fasziniert von den Schilderungen des paradiesischen Lebens auf Tahiti, der Schönheit der Natur und der unverkrampften Sinnlichkeit der Menschen dort. Zumal in Liebesdingen hätten sich die Insulaner großzügig, eifersuchtsfrei und ohne schlechtes Gewissen gezeigt und an dieser Großzügigkeit auch die europäischen Besucher teilhaben lassen.

Bougainvilles Reise stieß bei dem Philosophen Denis Diderot auf besonderes Interesse – einem der radikalsten Denker der französischen Aufklärung, anders als kompromissbereitere Geister wie Voltaire ein entschiedener Atheist und Materialist, ein echter Gegner der Religion. Die unschuldigen Naturmenschen von Tahiti inspirierten ihn zu einem Frontalangriff auf die christliche Idee der Sünde. In seinem erzählerischen Essay «Nachtrag zu Bougainvilles Reise» (publiziert erst 1796, lange nach dem Tod des Autors, wohl aus Vorsicht) malt er sich die Begegnung und die Gespräche eines katholischen Priesters, der die Expedition begleitet, mit seinem tahitischen Gastgeber Orou aus. Der Inselmann, der sexuellen Besitzneid ebenso wenig kennt wie eine beengende Moral, lädt den Geistlichen ein, nachts seine Frau oder eine seiner drei Töchter mit ins Bett zu nehmen, am besten die jüngste, die noch keine Kinder hat. Der Priester ist entsetzt: Seine Religion und sein Stand, überhaupt die Regeln der Sittlichkeit verbieten ihm, das Angebot anzunehmen. Orou versteht nicht, was Stand und Religion sind, vor allem aber nicht, was schlecht daran sein soll, mit einer Frau zu schlafen – das sei doch sehr schön und das unterbevölkerte Tahiti könne neue Bürger gut gebrauchen. Orous Töchter sehen auch ganz bekümmert aus; sie fragen sich, ob mit ihnen etwas nicht stimmt und sie dem Fremden nicht gefallen. «Hier», so Diderot mit dem etwas mechanischen Humor des antiklerikalen Aufklärungsschriftstellers, «gesteht der wahrheitsliebende Priester, es habe ihn die göttliche Vorsehung noch nie einer so bedrängenden Versuchung ausgesetzt. Er war jung; er wehrte sich, er quälte sich; er wandte seine Augen von den liebenswürdigen Bittstellerinnen ab; er wandte sie ihnen wieder zu; er hob Hände und Augen zum Himmel.» Schweren Herzens gibt der Geistliche nach und nimmt Orous Jüngste zu sich, nicht ohne nochmals protestiert zu haben: «Aber meine Religion, mein Stand!» In den folgenden Nächten stellt er sich dann auch ihren beiden Schwestern und ihrer Mutter zur Verfügung.

Diderot lehnt den Glauben überhaupt ab, den ganzen biblischen und christlichen Gottesbegriff. Sein Orou findet die Idee eines überirdischen Schöpfers und Gesetzgebers absurd, die der europäische Priester ihm zu erklären versucht. Ein körperloser Baumeister einer materiellen Welt, ein Handwerker ohne Hände, Kopf und Werkzeuge, allmächtig, aber unfähig, die Vorschriften durchzusetzen, die er selbst erlassen hat, und dafür dann wieder zornig auf seine Geschöpfe, die sie nicht beachten – das alles scheint dem zufriedenen Inselbewohner unglaubwürdig und widersinnig zu sein.

Aber die eigentliche Wucht von Diderots Angriff richtet sich gegen die christliche Moral, genauer: ge-

gen den Gedanken der Sünde und gegen die Schuldgefühle, mit denen der Sündengedanke das Leben
belastet. Die Religion hat es fertiggebracht, natürliche
Handlungen wie den Beischlaf als böse darzustellen –
und unnatürliche Einrichtungen, wie den Zölibat
der Priester, als gut. Sie hat den Menschen die Un-
befangenheit genommen und das Glück unmöglich
gemacht. Das ist ein Verbrechen, das eigentliche Verbrechen der Weltentwicklung – und es soll rückgängig
gemacht werden. Mit seiner Phantasie vom Unschulds-
idyll Tahiti schreibt Diderot die Gegengeschichte zur
biblischen Erzählung vom Sündenfall und von der Vertreibung aus dem Paradies. Damit hatte das Unheil begonnen: mit der «Erkenntnis von Gut und Böse», die
Eva und Adam durch den Genuss der verbotenen Äpfel
erwarben, worauf ihnen ihre Nacktheit bewusst wurde,
sie sich zu schämen begannen und Gott sie aus dem
Garten Eden verbannte. Was hier entfaltet wird, das
Natürliche, das auf einmal ein schlechtes Gewissen
auslöst, die verlorene Unschuld, die in Wahrheit das
Auftauchen eines irregeleiteten Schuldgefühls ist –
genau darin besteht für Diderot die Pathologie des
Glaubens, die geheilt gehört. Die Aufklärung soll den
Menschen von seinen falschen Skrupeln befreien, ihm,
so gut es geht, seine gestohlene Unschuld zurückge-
ben: ein Tahiti der Philosophie als neues Eden.

   Das Interessante ist, nach fast zweihundertfünfzig
Jahren, die Aktualität dieser Kritik am Christentum.

Dass die Religion den Menschen mit einem schlechten Gewissen quält, dass sie ihm erst einredet, er sei ein Sünder, um ihn dann gnädig von seinen Sünden zu erlösen – das ist unverändert ein Hauptvorwurf gegen den Glauben. Heiner Geißler, der einstige Jesuitenschüler und heutige Papstgegner, sieht als Quelle des Übels eine Fälschung: Aus dem griechischen Urtext von Jesu Aufruf «metanoeite!» («Denkt um!», «Kehrt um!») habe die Kirche in der lateinischen Übersetzung des Neuen Testaments die Parole «poenitentiam agite!» gemacht, «Tut Buße!» – eine moralisierende Umdeutung, mit der die zweitausendjährige Unsitte der Seelenschnüffelei begründet werden konnte. Populär ist auch der kirchenkritische Slogan «Frohbotschaft statt Drohbotschaft»: Die christliche Lehre soll den Leuten nicht immerzu sagen, was sie alles falsch machen, und ihnen dafür womöglich mit der Hölle Angst einjagen, sondern ihnen signalisieren, dass sie schon okay sind. Es sind nicht nur Atheisten und Religionsgegner, die sich gegen die Sündenfixierung auflehnen. Gerade für reformwillige, liberale, fortschrittliche Christen ist die Befreiung vom Terror des schlechten Gewissens ein zentraler Punkt ihrer Agenda.

Man muss sich aber fragen, ob die Schuldbesessenheit wirklich noch das große Problem und ob die aktuelle Gefahr nicht inzwischen umgekehrt ein Überhandnehmen der Unschuld ist, eine penetrante Sündlosigkeit. Es zeigt sich schon an der Sprache: Das schlechte Gewissen tritt meist zusammen mit der Mahnung auf, es niemandem zu machen, schon gar nicht «künstlich», und das Schuldgefühl ist mit keinem Attribut so häufig verbunden wie mit der Qualifikation, dass es «übertrieben» oder «überflüssig» sei. Wenn von Schuldgefühlen gesprochen wird, liegt der Akzent gerade nicht auf der Schuld, sondern auf dem Gefühl und seinem eigentlich illusionären Charakter. Wie man auch immerzu von «falschen Skrupeln» hört und nie von den richtigen.

Gegen die angeblich drückende Sündenrhetorik des Christentums steht längst ein unaufhaltsam wachsender Berg von Ratgeberliteratur, die ihren Lesern versichert, dass sie mit sich zufrieden und hinsichtlich ihrer moralischen Gesundheit ganz beruhigt sein können, dass sie keine Rabeneltern, undankbaren Kinder oder lieblosen Eheleute sind; sie haben das gute Recht, auch einmal ein bisschen an sich zu denken und darauf zu achten, dass sie vor lauter Altruismus nicht vor die Hunde gehen. Viele Therapeuten stellen fest, dass ihre Patienten kaum noch unter den klassischen Neurosen leiden, die nach psychoanalytischer Schulmeinung auf den Konflikt mit dem Vater und die daraus resultierenden Schuldgefühle zurückgehen. Der Ödipuskomplex, aus dem Freud nicht nur die individuelle Gewissensnot des Kranken, sondern die Kultursysteme von Religion und Moral herleiten wollte, hat offenbar an

Kraft und Bedeutung verloren. Nicht an einem krankhaften schlechten Gewissen leidet die Gegenwart, sondern eher an einem pathologisch guten: an unheilbarer seelischer Gesundheit.

Diese Emanzipation von der Schuldmoral reicht über die Sphäre der persönlichen Beziehungen hinaus. Die Ökologie ist heute weniger der Ausdruck des Selbstzweifels der modernen Gesellschaft, ein Versuch der Wiedergutmachung für das, was sie der Natur angetan hat. Sie ist vielmehr eine Zukunftsbranche der deutschen Technologie oder ein ethisch anspruchsvoller, mit sich selbst jedenfalls hochzufriedener Lebensstil. Auch der Pazifismus geht in der Regel nicht länger aus dem inneren Ringen mit dem «Du sollst nicht töten» hervor, mit dem sich der klassische Kriegsdienstverweigerer herumzuschlagen hatte, nicht aus der Sorge um die unverantwortbaren Gefahren der Atomrüstung; er ist der normale Geisteszustand eines Landes und eines Kontinents, die sich ernsthafte äußere Bedrohungen gar nicht mehr vorstellen können. Man sieht das an der Leichtigkeit, mit der über die militärischen Verwicklungen anderer, sicherheitspolitisch weniger begünstigter Nationen (wie etwa Israel) geurteilt wird. Es fehlt an Sinn für kompliziertere Lebens- und Staatsverhältnisse, dafür, dass man nicht überall glatt mit reiner Seele durchkommt, dass andere handeln und womöglich sogar Gewalt anwenden müssen, selbst wenn sie dabei schuldig werden. Es fällt schwer, sich in solche Leute hineinzuversetzen – und umso leichter, sich über sie zu erheben. Die komfortable eigene Position beeinträchtigt die moralische Phantasie und schneidet den Zugang zu heilsamer Selbstkritik ab.

Überall ist die Kultur des schlechten Gewissens auf dem Rückzug, ein Anachronismus, fast schon unverständlich geworden. Mitte der neunziger Jahre kam einer der bedeutendsten Romane von Dostojewski in einer sofort und offenbar zu Recht gerühmten Neuübersetzung heraus. Das Buch, das vorher unter dem Titel «Schuld und Sühne» bekannt war, hieß nun «Verbrechen und Strafe». Die Korrektur fand breite Zustimmung. Allein an der größeren philologischen Genauigkeit kann das nicht gelegen haben. Dafür war im Beifall zu viel Erleichterung zu spüren. Der alte Titel mit seinen metaphysischen und religiösen Assoziationen erschien auf einmal als unzeitgemäße Zumutung. Man war froh, ihn loszuwerden.

In Wahrheit ist aber die ganze Tradition von Schuld, Sünde und schlechtem Gewissen nicht einfach eine Last, die man besser abwerfen sollte, um dann endlich glücklich zu werden. Die Schuldkultur ist eine Errungenschaft, ein reiches, schweres Erbe des Abendlands, problematisch und kostbar zugleich, eine Erweiterung des Menschenbildes, die nur um den Preis von moralischem und seelischem Verlust rückgängig zu machen ist.

Die Urszene dieser großen Tradition kann man in einer unscheinbaren Episode finden, die um 370 nach Christus einem etwa fünfzehnjährigen Jungen passiert ist, in Nordafrika, das damals zum spätrömischen Reich gehörte. Der Junge war der spätere Kirchenvater und Heilige Aurelius Augustinus, und er berichtet die Geschichte dreißig Jahre danach, als er schon Bischof ist, im zweiten Buch der «Bekenntnisse», seiner berühmtesten Schrift, der ersten Autobiographie der Weltliteratur. Augustinus erzählt, wie er mit Freunden nachts in der Nähe des elterlichen Weinbergs einen Birnbaum geplündert hat. Sie hatten gar nicht vor, die Früchte zu essen, höchstens sie den Schweinen hinzuwerfen; eigentlich trieb sie bloß die Lust, etwas Verbotenes zu tun. Wenn der Junge hungrig gewesen wäre, hätte es Obst auch im Garten seiner Familie gegeben, sogar besseres: «Ich wollte nicht die Sache genießen, auf die ich beim Diebstahl aus war, sondern den Diebstahl selbst und die Sünde.»

Es ist die Grundlosigkeit seiner Tat im doppelten Sinne, ihre Unmotiviertheit und zugleich ihre Abgründigkeit, in die sich Augustinus in den «Bekenntnissen» geradezu masochistisch hineingrübelt. Dass man sich vergeht, um Interessen zu verfolgen oder Gelüste zu befriedigen, ist schlimm, aber begreiflich. Dass man es jedoch ohne solche Absichten tut, ist für Augustinus eine Monstrosität. Denn in diesem Fall zielt das Handeln nicht auf ein immerhin echtes, wenn auch enthemmt verfolgtes, überdimensional wichtig genommes Gut wie das eigene Wohlbefinden, sondern tatsächlich auf das Schlechte. Hier wird das Böse um seiner selbst willen getan. Der Mensch macht sich nicht nur schuldig, er ist, so Augustinus, schuldig von Grund auf. Sein Wesen ist Schuld. Nur mit der Gnade Gottes kann er aus diesem finsteren Loch herauskommen.

Man sieht sofort das Übertriebene und Verstiegene der augustinischen Darlegungen, bis an die Grenze der Lächerlichkeit. Ein Obstdiebstahl im Nachbargarten als Sinnbild und Inbegriff der rettungslosen menschlichen Verworfenheit? Auch literarisch als Parallele gestaltet zum Großen Metaphysischen Obstdiebstahl am Anfang der Weltgeschichte, dem Pflücken des Paradiesapfels, mit dem die Menschheit sich Schuld und Tod auf den Hals holte? Geht das nicht eine Nummer kleiner? Tatsächlich hat Augustinus seine Lehre von der Grundverdorbenheit des Menschen, die als Erbsünde schon mit der Zeugung an ungeborene Kinder weitergegeben wird, bis zu wirklich schrecklichen, bizarren Konsequenzen ausgesponnen. So kommen seiner Meinung nach früh verstorbene, ungetaufte Babys in die Hölle, weil Christi Erlösungswerk und die kirchlichen Gnadenmittel den Makel der Ur-Sündhaftigkeit noch nicht tilgen konnten. (Allerdings sind für diese Unglückswürmer nur die allermildesten Strafen vorgesehen.)

Und trotzdem: Die Entdeckung der Schuld in diesem zugespitzten, extremen Sinne hat unser Selbstverständnis um eine ganze Dimension ergänzt; ohne sie wäre es flacher und banaler. Es geht bei der Sache mit der Sünde nicht um irgendeinen moralisch-psychologischen Teilaspekt, um ein Spezialproblem, sondern darum, wer wir sind, unserer Natur nach: wer es ist, der da «ich» sagt. Nämlich jemand, der sich selbst unheimlich ist, der sich in Frage stellen muss und seine Fragwürdigkeit doch nicht loswird, der sich quält und zerrissen fühlt, nie vollkommen «eins mit sich». Dass der Mensch etwas Vertracktes ist, dass er mit sich in Widerspruch geraten kann und zur Rechenschaftslegung über sich selbst in die eigenen Abgründe hinabsteigen muss, das sind Einsichten, die erst das radikalisierte Schuldbewusstsein erschließt. Die peinigende Selbstreflexion des Augustinus und seiner Gesinnungsgenossen über die Jahrhunderte hinweg, der Luther, Pascal, Kierkegaard oder Heidegger, die sich alle am Phänomen der Schuldhaftigkeit abgearbeitet haben – diese Geistesbewegung hat gezeigt, dass die Seele mehr ist als ihre Oberfläche; sie besitzt, um eine altmodische, aber präzise Metapher zu verwenden, Tiefe. Wenn wir von einer Person sprechen, von einem Charakter, davon, dass jemand «zu sich selbst findet» oder «sich verliert»: immer liegt diese Vielschichtigkeit zugrunde. Die Sünde und der Versuch, mit ihr zurande zu kommen, haben uns komplex gemacht. Das ist das

Menschenbild, für das Augustinus mit seiner Meditation über einen pubertären Birnendiebstahl die Grundlage geschaffen hat.

Das ist nicht bloß akademisch, eine Angelegenheit der Theologie und Philosophie. Eine ganze Literatur wäre ungeschrieben geblieben oder würde unverständlich ohne die Selbsterforschungsleidenschaft, die vom Sündenproblem angeregt ist. Entwicklungsroman und Autobiographie sind die weltlichen Nachfolger der «Bekenntnisse». Dass der Patient beim Psychiater die Schmerzgrenze seiner Scham überwinden muss, in rückhaltloser Offenheit, diese Zumutung geht zurück auf die christliche Beichte, die gleichfalls nur wirksam ist, wenn der Sünder sich seinen Sünden stellt und sie schonungslos ausspricht: «Die Wahrheit wird euch frei machen», heißt es im Evangelium, und die diesseitige Seelenkunde weiß es auch. Die Verdrängung, das Nicht-wahrhaben-Wollen der eigenen Triebe und Taten ist es, was krank macht, nicht ihre Anerkennung und die Auseinandersetzung mit ihnen: das ist im Gegenteil heilsam. Selbst in trivialen Gesten sind noch Reste dieser Einsicht spürbar. Wo immer ein Prominenter vor dem Publikum sein Herz öffnet und eine zerknirschte Erklärung abgibt, um nach Drogenexzessen oder einer Steuerhinterziehung durch Reue sein Ansehen wiederherzustellen, zehrt er vom geistigen Nachlass des Augustinus. Wo immer wir «um Entschuldigung bitten», gehen wir stillschweigend davon aus, dass das Zugeben und nicht die Verleugnung von Schuld den Weg zur Korrektur öffnet.

Die christliche Schuldkultur kann banalisiert und zur Heuchelei missbraucht werden, sie kann zwanghaft machen, hypochondrisch, furchtsam und unfrei. Doch ist sie auch Stachel der Selbstbefragung, ein Widerhalt gegen das philiströse Behagen. Denn vielleicht sind es gar nicht die Verbrecher und die Lasterhaften, von denen die stärkste Gefahr für das moralische Bewusstsein ausgeht, sondern die Saubermänner, die sich permanent im Recht fühlen, an denen kein Zweifel nagt und die nie unter Gewissensbissen leiden. Dass nicht die Sünde, sondern die Selbstgerechtigkeit das wirklich Böse, den eigentlichen Kollaps des Humanen darstellt, hat schon Jesus gemeint. «Zwei Männer», erzählt er in einem Gleichnis, «gingen zum Tempel hinauf, um zu beten; der eine war ein Phärisäer, der andere ein Zöllner.» Der eine also Angehöriger einer Gruppe, die für die sorgfältige Achtung des mosaischen Gesetzes bekannt war, der andere ein Mann, der einem anrüchigen, weil mit der römischen Besatzungsmacht verbundenen Beruf nachging. «Der Pharisäer stellte sich hin und sprach leise dieses Gebet: Gott, ich danke dir, dass ich nicht wie die anderen Menschen bin, die Räuber, Betrüger, Ehebrecher oder auch wie dieser Zöllner dort. Ich faste zweimal in der Woche und gebe dem Tempel den zehnten Teil meines ganzen Einkommens. Der Zöllner aber blieb ganz hinten stehen und wagte nicht einmal, seine Augen zum Himmel zu erheben, sondern schlug sich an die Brust und betete: Gott, sei mir Sünder gnädig. Ich sage euch: Dieser kehrte als Gerechter nach Hause zurück, der andere nicht. Denn wer sich selbst erhöht, wird erniedrigt, wer sich aber selbst erniedrigt, wird erhöht werden.»

Dieser Versuchung des Pharisäertums wirkt das existenzielle Schuldbewusstsein entgegen. Eine der stärksten und bewegendsten Szenen in Bachs «Matthäuspassion» ist ein dramatischer Moment beim letzten Abendmahl, kurz vor der Verhaftung Jesu. Der Gottessohn eröffnet seinen Jüngern, dass einer der Zwölf ihn verraten werde. In einem erschrocken flatternden Stimmengewir lässt Bach sie fragen, jeden für sich: «Herr, bin ich's?» Dann folgt ein Choral, in der musikalischen Poetik von Bachs Oratorien die Stimme der gläubigen Seele, die über den Abstand der Jahrtausende hinweg die Bibelhandlung als innere Gegenwart erlebt und über ihre Bedeutung meditiert. Dieser Choral nimmt die Jüngerfrage nach dem unbekannten Verräter auf, bezieht sie auf sich selbst und antwortet: «Ich bin's, ich sollte büßen, / An Händen und an Füßen / Gebunden in der Höll'. / Die Geißeln und die Banden, / Und was du ausgestanden, / Das hat verdienet meine Seel'.» Klar, das ist Theologie: Christus leidet stellvertretend für den Menschen, um ihn von seiner Sünde und ihren Folgen gleichsam loszukaufen; insofern «bin ich's», der für die Passion verantwortlich ist. Aber es ist auch eine Haltung: Demut und Empathie, die Bereitschaft, im Angesicht einer Leidensgeschichte nicht wegzusehen, sondern nach dem eigenen Anteil zu suchen. Das, nicht die Gewissheit, es so herrlich weit gebracht zu haben, ist waches Bewusstsein: Wir sind nie auf der sicheren Seite.

Ein Wort wie «Erbsünde» mag ein befremdlicher, für die meisten gar nicht mehr nachvollziehbarer Begriff sein. Aber dass mit dem Menschen etwas fundamental nicht stimmt, dass er einen Knacks hat, dass in ihm der Wurm steckt, ist eine fruchtbarere Ausgangshypothese für das Leben als der Glaube an die moralische Gesundheit. Sie ist auch realistischer. Man hat die Rebellion gegen das Schuldgefühl inzwischen ganz anders kennengelernt, als Diderot und seine Aufklärungsfreunde sie sich ausgemalt hatten. Gerade für die monströsen Geschichtsverbrechen des 20. Jahrhunderts war der Appell typisch, die Partei- oder Volksgenossen müssten die falschen, antiquierten Hemmungen des Gewissens überwinden. Nur so waren die Liquidationen oder Rassenmorde durchzusetzen, das Töten als leidenschaftsloser, «wissenschaftlich» abgesicherter Vollzug, der sonst eine Rebellion des inneren Brechreizes, die Heimsuchung durch moralische Albträume, hätte auslösen müssen. Seither lässt sich die Abkehr von der Schuldkultur nicht mehr so einfach als Fortschritt propagieren. Und nach diesen historischen Erlebnissen klingt die Annahme nicht länger abwegig, dass im Sein und Menschsein eine grundlegende Störung vorgefallen ist, die alles durcheinanderzubringen und zu vergiften droht. Die Erbsünde ist keine Skurrilität mehr, sondern fast schon eine Erfahrung.

Es kommt hier noch etwas anderes ins Spiel, was über alle Moral, auch über eine selbstkritische Moral, hinausreicht. Für Augustinus und seine Gesinnungsgenossen geht es um Sünde, und «Sünde» hat einen präzisen Sinn, sie ist nicht einfach dasselbe wie Schuld. Sünde ist Schuld vor Gott: die Übertretung göttlicher Gebote, der Bruch einer göttlichen Ordnung, die Zurückweisung göttlicher Liebe. Schuld kennen auch Atheisten und Agnostiker; sie ist ein juristischer und ein Alltagsbegriff; bedeutende Ethiken sind von Denkern verfasst worden, die nicht religiös waren oder die Religion in ihrer Philosophie jedenfalls beiseitegelassen haben. Sünde dagegen gibt es nur in der Welt des Glaubens. Das ganze Konzept mutet archaisch und entlegen an. Es hat aber ernste Konsequenzen – und überraschende.

Einerseits, könnte man meinen, ist Sünde schlimmer als Schuld. Der Sünder hat nicht nur *etwas* verletzt, eine abstrakte Größe, ein moralisches oder rechtliches Gesetz. Sondern *jemanden*, nicht einfach eine Regel, sondern einen Willen, den Gesetzgeber hinter dem Gesetz, und dessen Zorn muss er nun fürchten. Die Sünde ist eine zugleich metaphysischere und persönlichere Sache als die Schuld. Sie ist auch existenzieller.

Aus der Sicht des Glaubens sündigt der Mensch nicht nur, er *ist* ein Sünder; das definiert ihn und macht ihn aus. Dagegen kann man zwar sagen, dass jemand schuldig wird oder schuldig ist, aber kaum, er sei «ein Schuldiger», nicht im Sinne einer dauerhaften, seine Natur umfassend beschreibenden Wesensbestimmung. Schuld ist vorab konkret. Sünde ist immer auch so etwas wie ein Aggregatzustand, eine perverse, gottferne Daseinsweise.

Andererseits: Sünde ist kein unabänderliches Schicksal, sie kann vergeben werden. «Wären eure Sünden auch rot wie Scharlach», sagt Gott durch den Propheten Jesaja, «sie sollen weiß werden wie Schnee. Wären sie rot wie Purpur, sie sollen weiß werden wie Wolle.» Der gekränkte Gesetzgeber kann die Übertretung seines Gesetzes nicht nur ignorieren und auf Sühne verzichten, er kann die Übertretung geradezu ungeschehen machen. Er ist, auch im Alten Testament, nicht bloß ein gerechter, sondern zugleich ein gnädiger Gott.

Das Neue Testament handelt dann überhaupt von Anfang bis Ende von der Vergebung. Das berühmteste aller Gleichnisse, das vom verlorenen Sohn, illustriert die unverdiente Milde und Großzügigkeit Gottes: Der leichtsinnige, nichtsnutzige Jüngere, der sein Vermögen in der Fremde mit Mädchen und Parties durchgebracht hat, wird vom Vater liebevoll wieder aufgenommen, als er bankrott nach Hause zurückkehrt; der ältere Bruder, der zeitlebens Leistung und Verantwortung bewiesen hat, wird deswegen nicht besser behandelt und muss sich mit einer Gleichstellung abfinden, die vom rein moralischen Standpunkt her skandalös wirkt. Gott rechnet nicht auf, er ist im normalen, traditionellen Sinne gar nicht «gerecht», sondern löscht das Sündenregister einfach aus. Auf theologisches Niveau hat diese Vergebungsidee der Apostel Paulus gehoben. Wenn man auf der Erfüllung des heiligen, am Sinai verkündeten Gesetzes bestehen würde, hätte die Menschheit keine Chance: Niemand schafft es wirklich, die Gebote zu halten; alle haben Strafe und Untergang verdient. Aber Gott hat einen anderen Weg gefunden, den Ansprüchen des Rechts Genüge zu tun und die Menschen zu retten. «Alle», schreibt Paulus im Römerbrief, dem zentralen Zeugnis seines Denkens, «alle haben gesündigt und die Herrlichkeit Gottes verloren. Ohne es verdient zu haben, werden sie gerecht, dank seiner Gnade, durch die Erlösung in Christus Jesus. Ihn hat Gott dazu bestimmt, Sühne zu leisten mit seinem Blut, Sühne, wirksam durch Glauben.» Wer darauf vertraut, dass Jesus für seine Sünden gestorben ist, dem sind sie schon erlassen.

Der spätmittelalterliche Katholizismus hat aus der Sündenvergebung eine regelrechte Industrie gemacht, einen geistlichen Erwerbszweig, den berüchtigten Ablasshandel, in dem die Gläubigen mit Gaben an den Klerus sich selbst oder ihren Lieben die Strafzeit im Fegefeuer verkürzen konnten. Das hat Luther empört und den Anstoß zur Reformation gegeben, mit der er die Wahrheit des Paulus über die Sünde und ihre Tilgung wiederherstellen wollte: Allein durch Gottes Gnade und durch den Glauben an Christus wird der Mensch gerechtfertigt. Es ist protestantische Folklore, die Katholiken für ein sittlich unzuverlässiges Volk zu halten, weil sie angeblich nach ihren Missetaten nur zur Beichte gehen müssen, und schon ist aller Schmutz abgewaschen; danach geht es gleich wieder zurück in den Sumpf. Doch stets, in allem Hin und Her, wie verdreht und verkommen auch immer, hat das Christentum an der Idee der Vergebung festgehalten. Sie ist die Mitte dieses ganzen Glaubens. Selbst eine kompromisslose, fast brutale Doktrin wie die Lehre von der Erbsünde macht die Religion zwar sperrig und hart. Aber nicht pessimistisch. Es gibt keinen Grund zur Verzweiflung.

Mit der diesseitigen Schuld und ihrer Vergebung, in einer religionsfreien moralischen Rechnung, steht es prekärer. Zwar können auch Menschen verzeihen – aber letztlich nur das, was ihnen selbst angetan wurde; sie können bloß auf den persönlichen Sühneanspruch verzichten, der ihnen aufgrund ihrer persönlichen Schädigung zusteht. Ihrer Nachsicht fehlt der objektive, eine neue Realität schaffende Charakter, den die Religion der göttlichen Gnade zuschreibt. Irdischweltlich bleibt ein Rest, den niemand dem Täter abnehmen kann, den er, wie die Redensart lautet, «mit sich selbst ausmachen» muss – und für den er auch vor dem juristischen oder ethischen Gesetz nicht aus der Verantwortung entlassen wird. Wer eine Bank überfällt, muss selbst dann ins Gefängnis, wenn der Bankier ihm vergibt. Wer einem anderen das Leben ruiniert hat, wird nicht automatisch seinen inneren Frieden finden, falls sein Opfer ihm in einem Akt heroischer Selbstüberwindung versichert, es trage ihm nichts nach. «Ich kann es mir selbst nicht verzeihen», mag der Täter, der mit seiner Tat nicht fertig wird, dann sagen.

Daher wird in einer Welt ohne Gott die Last dessen, was man getan hat, nicht etwa leichter, sondern schwerer. Moralisch ist die Zeit nicht zurückzudrehen, die zerstörte Unschuld nicht wiederherzustellen. Es gibt niemanden, der das Scharlachrote weiß wie Schnee machen könnte und den Purpur wie Wolle. Für leichtere Verfehlungen ist das kein großes Problem. Aber bei schweren besteht die Gefahr, dass das schlechte Gewissen nicht zu ertragen ist. Entweder macht es den unerlösten, nicht erlösbaren Schuldigen kaputt. Oder, wenn er das vermeiden will, wird er die Schuld leugnen und von sich wegschieben. Da keiner ihn losspricht, muss er selbst es tun – mogelnd, fälschend und beschönigend. Nicht die Wahrheit soll ihn frei machen, sondern die Lüge. Auf das «Herr, bin ich's?» der Jünger kommt jetzt die Antwort: Nicht doch, und hat dieser Jesus von Nazareth sich sein Schicksal nicht eigentlich selbst zuzuschreiben, mit seinen dauernden Provokationen gegen die Obrigkeit und gegen seine Zeitgenossen?

Die Anlässe für solche Verdrängungsakte nehmen zu. Es gibt ja nicht nur das konkrete, biographische Versagen, mit dem schwer zurande zu kommen ist, sondern dazu eine kaum weniger belastende Ohnmacht und Untätigkeit im Angesicht bedrückender Weltverhältnisse. Die voll entfaltete Medienmoderne konfrontiert den Zuschauer rund um die Uhr mit einer früher unvorstellbaren Masse globalen Elends und Unrechts: ein ständiger offener oder unausgesprochener Appell zum Eingreifen, durch Spenden, politisches Engagement oder persönlichen Einsatz. Man kann nicht wegsehen, aber man kann auch nichts ausrichten oder ist einfach zu bequem dazu. Das verstärkt die Schuldgefühle – und die Notwendigkeit, sie zu ersticken. Wofür Gott nicht mehr aufkommt, man selbst aber nicht aufzukommen vermag, das muss entschärft und letztlich zum Verschwinden gebracht werden.

Vielleicht ist das die wirkliche Dynamik, die hinter der Emanzipation von der Schuldkultur steckt. Vielleicht spricht daraus gar nicht das starke Individuum und keine befreite Gesellschaft, sondern im Gegenteil eine verunsicherte, moralisch in die Defensive gedrängte Existenz, die sich mit ihrer Verantwortung unter einem leeren Himmel alleingelassen fühlt und ihr nicht mehr gewachsen ist. Es ist schwer auszuhalten, was sich im Laufe eines Lebens an Schuld aufhäuft und im Laufe der Weltgeschichte erst recht. Darum darf es nicht wahr sein.

Ist es aber.

KAPITEL 10

DIE REVOLUTION DES MONOTHEISMUS

Im herrschenden Verhältnis zur Religion gibt es einen merkwürdigen Widerspruch: Die Gesellschaft, in der die Kirchen leer und die Kopftücher ein Skandal sind, brummt zugleich vor spirituellen Bedürfnissen und ihrer eifrigen Befriedigung. Meditation, asiatische Mystik, der Dalai Lama – das ist alles extrem populär. Es gehört zu einer vollkommen akzeptierten Branche der modernen Sinn- und Orientierungsindustrie, die sich von der Kräuterweisheit der Hildegard von Bingen bis zur Hellseherei erstreckt. Gegen das Göttliche hat man gar nichts. Aber Gott, der bärtige alte Mann aus dem Kinderbuch oder vom Altarbild, der Bibelgott – das ist etwas anderes.

Der Kern dieser unterschiedlichen Wertungen ist nicht, dass man das Neue und Exotische höher schätzt als das Alte und Angestammte, obwohl auch das eine Rolle spielt. Sondern es geht um die Art der Religion, um ihre konkrete, spezifische Natur. Solange bloß die Räucherstäbchen duften und ein vages Gefühl des Unendlichen verbreiten, ist alles in Ordnung. Das

Problem ist Gott im Ernst und im Singular, der eine und einzige Gott, der Gott des Monotheismus, zu dem sich Judentum, Christentum und Islam bekennen. Das ist der Gott, der Ansprüche erhebt, der befiehlt und zürnt und richtet, der nicht bloß einen weiten, weichen Bedeutungshimmel über dem Leben ausspannt, sondern sagt, wo es langgeht. Das Problem ist Gott, wenn er der wahre Gott sein soll.

Dieser Gott ist alles andere als eine Selbstverständlichkeit, auch für religiöse Menschen oder Zivilisationen nicht. Seine Entdeckung, Entstehung oder Erfindung ist eine welt- und geistesgeschichtliche Revolution gewesen. Und viele wollen sie heute wieder rückgängig machen.

Von der Geburt dieses Gottesgedankens erzählt das Alte Testament in seinem zweiten Buch, das «Exodus» heißt: «Auszug», Auszug aus Ägypten. Das Volk Israel hat dort über Generationen in der Fremde und in Knechtschaft gelebt und seine eigenen Traditionen vergessen, auch seine religiöse Identität, den Bund mit Gott, den der Erzvater Abraham eingegangen war. Moses führt die Israeliten aus Ägypten hinaus, durch die Wüste nach Palästina, in das «Gelobte Land» Kanaan, das der Herr ihnen verheißen hat. Während dieser Wanderung erneuert Gott seinen in Verfall gekommenen Bund mit Israel. Am Berg Sinai offenbart sich der Herr als Gesetzgeber, vor allem aber als statusbewusster Oberherr, der unbedingte, exklusive Verehrung fordert: «Ich bin Jahwe, dein Gott, der dich aus Ägypten geführt hat, aus dem Sklavenhaus. Du sollst neben mir keine andern Götter haben. Du sollst dir kein Gottesbild machen und keine Darstellung von irgendetwas am Himmel droben, auf der Erde unten oder im Wasser unter der Erde. Du sollst dich nicht vor andern Göttern niederwerfen und dich nicht verpflichten, ihnen zu dienen. Denn ich, der Herr, dein Gott, bin ein eifersüchtiger Gott: Bei denen, die mir Feind sind, verfolge ich die Schuld der Väter an den Söhnen, an der dritten und vierten Generation; bei denen, die mich lieben und meine Gebote achten, erweise ich Tausenden meine Huld.»

Der eine wahre Gott: damit wurden alle anderen Gottheiten, die ringsum im Orient Verehrung genossen, überhaupt alle anderen Gottheiten, zu denen Menschen jemals aufgeblickt hatten, zu falschen Göttern. Zu Götzen und Idolen, deren Anspruch hohl und deren Anbetung verboten ist. Das war das Novum, die Revolution. Der Ägyptologe Jan Assmann hat die hier eingeführte Differenz von Wahr und Falsch in der Religion die «Mosaische Unterscheidung» genannt. Zwischen den Götterwelten verschiedener Völker und Kulturen gibt es ursprünglich keine solche Konkurrenz. Die Götter der Nachbarn, denen wir nicht opfern, müssen deshalb keine Lügengebilde sein; vielleicht sind sie einfach für uns nicht zuständig, oder wir haben sie im Grunde auch, nur unter anderen Namen.

Jahwe, der Gott Israels, macht bei dieser traditionellen Arbeits- und Machtteilung nicht mit, er zerstört sie. Er will allein sein und allein gelten.

Dieser Monotheismus, der über viele Jahrhunderte als große Errungenschaft gegolten hat, ist inzwischen verdächtig geworden. Ist die «Mosaische Unterscheidung», fragen sich viele, die Gegenüberstellung von Wahr und Falsch in der Religion, nicht genau der entscheidende Fehler beim Thema Glauben, ein verhängnisvoller Irrweg? Das Motiv der Gotteskrieger und Gottesherrscher, die Quelle von Rechthaberei, Fanatismus und geheiligtem Blutvergießen? Religion als Sinn für das Ewige und Heilige, als Bewusstsein, dass es zwischen Himmel und Erde mehr Dinge gibt, als der Verstand sich träumen lässt – das ist vielleicht gar nicht schlecht. Aber der eifersüchtige Gott, der keine andern Götter neben sich duldet, scheint von Übel zu sein.

Es geht dabei noch um eine andere umstrittene Idee. Der Gott des Exodus stellt nicht nur Wahr und Falsch gegeneinander, Gut und Böse – sondern auch Heute und Morgen, Alt und Neu, Hier und Dort: Jetzt seid ihr in Ägypten, aber eigentlich gehört ihr anderswohin, in eine ferne ausstehende Heimat, in das Gelobte Land. Das Leben soll nicht bleiben, wie es ist, es soll anders werden. So ist mit Mose nicht nur der Monotheismus in die Welt gekommen, sondern auch die Zukunft, die Geschichte in einem emphatischen Sinne,

wie sie die Idee des Fortschritts oder der Utopie ausmacht. Israel wandert durch die Wüste, das Volk Gottes als Pilgerschar durch das irdische Tal der Tränen,
die Menschheit durch die Jahrtausende, auf der Suche
nach Emanzipation und Gerechtigkeit. Die Zeit des
Mythos ist zyklisch, ohne Anfang und Ende in sich
kreisend, eine ewige Wiederkehr des Gleichen: Wach-
sen und Vergehen, Aufstieg und Niedergang, Geburt
und Tod. Die Zeit der Bibel, wie sie sich in der Exodus-
Erzählung ausdrückt, ist linear: vom Aufbruch zum
Ziel, aus dem finsteren Tal auf die lichte Anhöhe, aus
der Sklaverei in die Freiheit. Auch das erregt heute
Verdacht. Ist es nicht anmaßend und diktatorisch, einen
Weg nach vorn und oben vorzuzeichnen? Genauso
größenwahnsinnig wie das angebliche Bescheidwissen
über Wahr und Falsch?

Den Israeliten selbst war der unduldsame, ewig
antreibende Eingott auch lästig, immer schon. Zwar
hatten sie in Ägypten gelitten, sie waren unterdrückt
worden; nur unter dem Eindruck fürchterlichster, von
Jahwe verhängter Plagen hatte der Pharao sie ziehen
lassen. Aber der ganze Exodus ist eine einzige Geschichte ihrer Unzufriedenheit, ihrer Müdigkeit und
ihres Murrens, die Geschichte einer ständig drohenden, periodisch ausbrechenden Rebellion gegen Gott
und seinen Bevollmächtigten. «Wären wir doch»,
beschweren sich die Leute im zweiten Monat der
Wanderung bei Mose und seinem Bruder Aaron, «in

Ägypten durch die Hand des Herrn gestorben, als wir an den Fleischtöpfen saßen und Brot genug zu essen hatten.» Dann, während Mose auf dem Berg Sinai die Zehn Gebote entgegennimmt, wendet sich das Volk tatsächlich von seinem himmlischen Herrn ab. Man hat genug von diesem unsichtbaren, gestaltlosen Einzigen, den man nicht darstellen darf und dem man sich rückhaltlos unterwerfen soll; man will zurück zu einer normalen religiösen Kultur, zu einem festlich-populären Bilderkult, wie er überall in dieser Zeit und Gegend gang und gäbe ist. Die Israeliten lassen sich von Aaron ein Goldenes Kalb herstellen, das sie nun statt Jahwe verehren wollen: «Das sind deine Götter, Israel, die dich aus Ägypten herausgeführt haben.»

Es muss von Anfang an etwas Provozierendes im Monotheismus gelegen haben, etwas, das Widerstand erregt. Er bietet den Sinnen und der Phantasie nichts, keine Sagen und keine Anschauung. Mit seinem Extremismus isoliert er die Gläubigen in einer Welt, in der sonst das Leben-und-Lebenlassen gilt. Es ist kein Privileg der Moderne, diese weltanschauliche Hypothek loswerden zu wollen; die Moderne hat den Protest nur auf die Spitze getrieben und an die Schwelle eines endgültigen Sieges geführt. Es gibt so etwas wie eine natürliche Tendenz vom eisesklaren, gleißend hellen Monotheismus weg – eine Kraft, die in die andere Richtung zieht. Die Frage ist nur: Ist das die richtige Richtung, eine überfällige Entlastung vom Überdruck unmenschlicher Reinheit und Strenge? Oder ist es, wie die Bibel meint, Bundesbruch, Untreue, Verrat?

Es existiert ein zweites frühzeitliches Beispiel für die explosive Dynamik, die historische Konflikt- und Spaltungskraft, die vom Monotheismus ausgeht. Im 14. Jahrhundert vor Christus kehrte sich ein ägyptischer Pharao, Amenophis IV., aus heiterem Himmel von den Göttern des Landes und von der ganzen, bis dahin komplett selbstverständlichen polytheistischen Zivilisation ab, mit besonderer Härte und Feindseligkeit von dem Gott Amun, der vorher der bevorzugte Schutzherr der Königsdynastie und ihrer Hauptstadt Theben gewesen war. Amenophis IV. schließt die alten Tempel, stoppt die Kulthandlungen, verbietet religiöse Feste und Prozessionen, lässt Götternamen aus Inschriften wegmeißeln. Er verlegt die Residenz in eine historisch und religiös unbefleckte Neugründung. Statt des hergebrachten, uralten ägyptischen Pantheons soll nur noch eine einzige Gottheit verehrt werden: Aton, die Sonnenscheibe, die Quelle des Lichts, die Spenderin allen Lebens und Herrin der Zeit. Der König selbst gibt sich einen neuen Namen: Echnaton.

Doppelte Gewaltsamkeit umgibt diese beispiellose Episode, die für die Zeitgenossen eine «traumatische Erfahrung» (Assmann) gewesen sein muss. Da ist die Brutalität, mit der Echnaton das Alte auslöschte, das eben noch Heilige für vogelfrei erklärte und in den

Untergrund trieb und Ägypten einen ungeheuerlichen Identitätswechsel aufzwang. Da ist aber auch das Schicksal, das ihm und seiner Reform bald nach seinem Tod widerfuhr. Ägypten kehrte nämlich zu den angestammten Göttern zurück – und der Vernichtung, die Echnaton dem Polytheismus zugedacht hatte, fiel er nun selbst anheim. Sein Name wurde aus den Königslisten gestrichen, seine Regierungszeit anderen Herrschern zugeschlagen. Es war, als sei er nie gewesen. Die Aton-Religion, der erste Monotheismus der Menschheitsgeschichte, verschwand spurlos und wurde vergessen. Die Gegenkräfte waren zu stark, das Experiment mit dem einen Gott war gescheitert.

Mose dagegen, in der biblischen Exodus-Erzählung, weiß den erfolgreichen, endgültigen Rückfall zu verhindern. Nicht die exklusive Jahwe-Religion bleibt hier Episode, sondern das Goldene Kalb. Die Vergeltung des beleidigten Eingottes in der alttestamentlichen Geschichte ist fürchterlich, genauso fundamentalistisch-terroristisch, wie die Kritiker des Monotheismus es für typisch halten. Mose steigt vom Berg Sinai herab, sieht mit Entsetzen den Glaubensabfall seiner Landsleute und beschließt zu handeln. Er sammelt die Jahwe-Treuen um sich, eine Miliz Gottes: «Wer für den Herrn ist, her zu mir!» Dann erteilt er den Befehl zum frommen Massaker: «Jeder lege sein Schwert an. Zieht durch das Lager von Tor zu Tor! Jeder erschlage seinen Bruder, seinen Freund, seinen Nächsten.» Dreitausend Abtrünnige werden liquidiert. Das ist der Preis der Rechtgläubigkeit. Ein erschreckendes Szenario.

Intoleranz – das ist der zentrale Vorwurf gegen den Monotheismus. Ist nicht die Vielgötterei die bessere, humanere Weltanschauung? Natürlich will niemand wirklich zurück zu den heidnischen Kulten, mit Schlacht- und Brandopfern am Altar und einem Pantheon voller überirdischer Sachwalter für Wetter, Wein oder Liebe. Es geht um das Prinzip des Polytheismus: die Ablehnung des Absoluten, den Verzicht auf letzte Gewissheiten, die Einsicht, dass die Menschen immer im Vorhof der großen Geheimnisse stehenbleiben und sich mit Bildern, Geschichten und Gleichnissen begnügen müssen. Sinn-Pluralismus statt Sinn-Diktatur.

Wenn es viele Götter gibt, kann ich mir aussuchen, welchem ich folgen und gehorchen möchte, und wer mir nicht passt, den lasse ich links liegen. Sogar für moralisch zweifelhafte Existenzen findet sich im mythischen Kosmos ein respektabler religiöser Platz. Bei den alten Griechen hatten auch die Diebe ihren Gott: Hermes, den Boten des Zeus und Schutzpatron von Handel und Geschäft. Unvorstellbar unter dem Tugendterror des Gesetzgebers vom Sinai, wo bis in den letzten Winkel das Gebot dringt, das keine Ausnahme kennt: Du sollst nicht stehlen! Es muss eine enorme Erleichterung sein, dieser Kontrolle zu entkommen. Die Vielgötterei verspricht Schlupflöcher, Luft zum metaphysischen und ideologischen Atmen.

So gesehen, hat der Polytheismus die Weltsicht vorweggenommen, bei der die Menschheit nach drei Jahrtausenden vergeblicher und selbstzerstörerischer Wahrheitssuche wieder angekommen ist: den Relativismus. Niemand kann mehr verbindlich zwischen den verschiedenen Werten, Lebensmodellen und Idealen entscheiden, die im Angebot und in Konkurrenz sind; wir lassen sie nebeneinander stehen wie die antiken Kulturen ihre zahlreichen parallel wirtschaftenden Götter. Man will in einer bunten, nicht in einer einfarbigen Welt leben; und der Monotheismus wirkt einfarbig: dunkelmännisch schwarz, gouvernantenhaft grau oder fanatisch rot. Die «Mosaische Unterscheidung» war ein Irrtum. Lieber Skepsis und Ironie als eine verblendete und bösartige Grundsatztreue. Wir müssen zurück nach Ägypten.

Im Monotheismus artikuliert die Religion ihren Wahrheits- und ihren Machtanspruch, und wir haben gelernt, dagegen misstrauisch zu sein. Wir haben aber auch etwas verlernt: den Sinn für die Hoffnungspotenziale, die sich mit dieser anderen, von außen einbrechenden Wirklichkeit verbinden. Religion, wie Mose und sein Jahwe sie verkörpern, will die Realität nicht einfach deuten oder überhöhen, sie will sie beeinflussen, umwandeln, ihr eine neue Richtung geben, sie von den Füßen auf den Kopf oder vom Kopf auf die Füße stellen. Wenn der normale Mensch der Gegenwart jedoch davon hört, dass im Namen Gottes das Leben geregelt oder umgestülpt werden soll, denkt er an krückstockschwingende Sittlichkeitsapostel und vollbärtige Schariaprediger, an Tugendterror und Gottesstaat – und möchte seine Ruhe haben. Warum nicht die Leute in Frieden lassen und den Dingen ihren Lauf? Die Religionskritik, die über Jahrhunderte eine revolutionäre Veranstaltung war, rebellisch, subversiv, gegen die herrschenden Autoritäten gerichtet, ist in der Spätmoderne konservativ geworden; sie verteidigt jetzt die eingespielten Verhältnisse gegen die Zumutungen von störenden Überzeugungstätern. Nicht mehr der Unglaube gilt dem Bürger und der Polizei als verdächtig, sondern der Glaube. Gott ist der Störenfried, und seine Gegner sind die Schildwache des Status quo.

Es ist aber durchaus nicht immer richtig, die Welt in Ruhe zu lassen. Die Wirklichkeit ist mitnichten immer gut, und Gott und Glaube fallen keineswegs stets über sie her, um sie zu entfremden, zu verzerren oder zu zerstören. Sondern oft ist die Wirklichkeit schlecht, und die Religion bedeutet eine Chance, sie zu berichtigen – gerade die monotheistische Religion mit ihrer neuartigen, unvergleichlichen Wucht. Der mythische Kosmos wird vom Schicksal, vom blinden Verhängnis, von der bleiernen Notwendigkeit beherrscht; der Glaube an den einen Gott mit seinen Geboten und Verheißungen dagegen zerbricht die Schicksalhaftigkeit. Er verlangt Handeln, und er verleiht Zuversicht. Er garantiert, dass es Alternativen zum Bestehenden gibt: denn er selbst ist die große Alternative, das ganz Andere im Verhältnis zur Welt. Er sagt: Du sollst – und daher weiß man: Ich kann. Die Israeliten hätten ohne Mose und Jahwe niemals die Kraft zum Aufbruch aus Ägypten gefunden; die generationenlange Knechtschaft wäre ihnen unabänderlich vorgekommen, wie ein naturnotwendiges Geschick. Sie brauchten einen, der ihnen befahl: Brecht auf! Dann vermochten sie es auch.

Unterdrückte und Aufständische aller Zeiten haben das gespürt und sich auf die Exodus-Geschichte berufen. Wie die Bürgerrechtsbewegung der Schwarzen in den USA. «Die Bibel», erklärte Martin Luther King am 11. Dezember 1964, einen Tag nachdem ihm der Friedensnobelpreis verliehen worden war, «die Bibel erzählt die elektrisierende Geschichte, wie Moses vor Jahrhunderten an Pharaos Hof stand und ausrief: ‹Lass mein Volk ziehen!› Das ist eine Art Eröffnungskapitel in einer fortdauernden Geschichte. Der gegenwärtige Kampf in den Vereinigten Staaten ist ein späteres Kapitel derselben sich weiter entfaltenden Geschichte.»

Die gesamte amerikanische historische Erfahrung war eine Aktualisierung des biblischen Aufbruchs aus der Knechtschaft. Die Auswanderung der Siedler aus dem absolutistischen, die Glaubensfreiheit mit Füßen tretenden Europa, die Lossagung von der Kolonialmacht Großbritannien, die Gründung einer neuen Nation der Freien und Gleichen – alles erinnerte an das Muster des Exodus. Regelmäßig ist George Washington mit Mose verglichen worden. Als die Gründerväter der USA sich 1776 Gedanken über die Gestaltung des Staatssiegels der Republik machen, stehen ihnen Motive aus der Exodus-Geschichte vor Augen: Entweder die Israeliten, wie sie durch die Wüste Sinai marschieren, mit der Rauch- und Feuersäule Gottes voran, die ihnen den Weg weist; oder Mose am Ufer des Roten Meers, die Hand mit dem Stab ausgestreckt, während der Pharao mit seiner Streitmacht in den Fluten versinkt. Motto des Siegels sollte ein Satz werden, der den ganzen religiös-revolutionären Charakter der Exodus-Tradition zum Ausdruck bringt: «Rebellion gegen Tyrannen ist Gehorsam gegen Gott.»

Im Grunde ist das schon die Lehre des Alten Testaments. Das Musterbeispiel für die kritische Rolle der Jahwe-Religion sind die Propheten, die Verkünder der Gottesbotschaft wie Jesaja oder Jeremia, die im 8. bis 6. vorchristlichen Jahrhundert in Palästina auftreten. Mitten in einer monarchischen, autoritären Gesellschaft opponieren sie, religiös legitimiert, gegen die herrschenden Verhältnisse im Heiligen Land. Sie greifen die Könige wegen Götzendienst oder wegen ihrer verfehlten Bündnispolitik an, sie geißeln die Bestechlichkeit der Justiz und die wachsende Ungleichheit und Ungerechtigkeit.

«Hört dieses Wort», donnert Amos, ein ehemaliger

Viehzüchter, den Gott zu seinem Sprachrohr gemacht hat, gegen die arrogante und egoistische Elite des Landes: «Hört dieses Wort, die ihr die Schwachen unterdrückt und die Armen zermalmt und zu euren Männern sagt: Schafft Wein herbei, wir wollen trinken. Bei seiner Heiligkeit hat Gott, der Herr, geschworen: Seht, Tage kommen über euch, da holt man euch mit Fleischerhaken weg, und was dann noch von euch übrig ist, mit Angelhaken.» Der Gott des Propheten ist angewidert von der äußerlichen, formellen Kirchgängerfrömmigkeit des Establishments: «Ich hasse eure Feste, ich verabscheue sie und kann eure Feiern nicht riechen. Wenn ihr mir Brandopfer darbringt, ich habe kein Gefallen an euren Gaben, und eure fetten Heilsopfer will ich nicht sehen. Weg mit dem Lärm deiner Lieder! Dein Harfenspiel will ich nicht hören, sondern das Recht ströme wie Wasser, die Gerechtigkeit wie ein nie versiegender Bach.» Mit geradezu klassenkämpferischem Hass wird der luxusversessenen Oberschicht ein böses Ende vorhergesagt, die Vertreibung ins Exil: «Ihr liegt auf Betten aus Elfenbein und faulenzt auf euren Polstern. Zum Essen holt ihr euch Lämmer aus der Herde und Mastkälber aus dem Stall. Ihr grölt zum Klang der Harfe, ihr wollt Lieder erfinden wie David. Ihr trinkt den Wein aus großen Humpen, ihr salbt euch mit dem feinsten Öl […]. Darum müssen sie jetzt in die Verbannung, allen Verbannten voran. Das Fest der Faulenzer ist nun vorbei.»

Der Soziologe Max Weber vergleicht die Propheten mit politischen Demagogen und Pamphletisten. Ihr Interesse ist zwar theologisch und moralisch: Es geht um die Reinheit des Jahwe-Glaubens, der im wohlhabend gewordenen, verweltlichten Israel von Korruption bedroht ist. Aber die Folgen ihrer Botschaft sind eminent gesellschaftlich: die Geburt der Sozialkritik aus dem Geiste der Religion.

Gott, der fordernde Exodus- und Sinai-Gott, ist dabei die Rückendeckung des Kritikers, die metaphysische Garantie einer Alternative, die Gewissheit, dass die Realität kein So-und-nicht-anders ist, sondern dass von außen ein Maßstab hineinragt, an dem sie bewertet, beurteilt und gerichtet werden kann. Es gibt nicht nur das Eine, sondern auch das Andere, nicht bloß das Wirkliche, sondern auch das Mögliche. Bei den israelitischen Propheten beginnt die Geschichte des Gegensatzes von «Sein» und «Sollen», die Herausforderung dessen, was ist, durch das, was sein müsste. Das Widerspiel von Geist und Macht, die moderne Figur des Intellektuellen, der den Regierenden entgegentritt: alles ein bis heute nachhallendes Echo der lästigen Gottesboten auf den Straßen von Jerusalem, die den König und die gute Gesellschaft mit Jahwes Visionen und Befehlen konfrontieren. Jede Demonstration, jeder etwas mutigere Zeitungskommentar, jede Unterschriftensammlung in der Fußgängerzone ist ein winziger Teil dieses Prophetenerbes.

Aus dem Erbe der Propheten stammen aber auch die Visionen einer besseren Welt, die Bilder vom Friedensreich, in dem endlich das Recht herrscht und Schwerter zu Pflugscharen umgeschmiedet werden. «Dann wohnt der Wolf beim Lamm», heißt es bei Jesaja, «der Panther liegt beim Böcklein. Kalb und Löwe weiden zusammen, ein kleiner Knabe kann sie hüten. Kuh und Bärin freunden sich an, ihre Jungen liegen beieinander. Der Löwe frisst Stroh wie das Rind. Der Säugling spielt vor dem Schlupfloch der Natter, das Kind steckt seine Hand in die Höhle der Schlange. Man tut nichts Böses mehr und begeht kein Verbrechen auf meinem ganzen heiligen Berg; denn das Land ist erfüllt von der Erkenntnis des Herrn, so wie das Meer mit Wasser gefüllt ist.»

Es sind «eschatologische», endzeitliche Perspektiven, deren Erfüllung man sich vom Messias erhoffte, dem «Gesalbten» Gottes, der das Volk Israel erlösen würde. Das Christentum hat sie auf Jesus bezogen und auf das Gottesreich, das mit seiner Wiederkunft am Jüngsten Tag anbrechen würde. Aber die Aussichten auf ein kosmisches Happy End sind auch zu gesellschaftlichen Utopien geworden und haben den politischen Idealismus beflügelt, im Kampf gegen Unfreiheit, Ausbeutung und Krieg. Der Paradiesgarten, für den der Schöpfer Adam und Eva ursprünglich bestimmt hatte, das Neue Jerusalem, das er nach der Apokalypse für alle Ewigkeit einrichten wollte – sie wurden zu Inbegriffen einer versöhnten Welt, mit der die Geschichte ihren krönenden Abschluss finden sollte. Reich der Freiheit, klassenlose Gesellschaft, Rückkehr zur Natur: lauter Zukunftsvorstellungen, die nach religiösem Muster geformt und mit religiöser Energie aufgeladen sind.

Der Philosoph Ernst Bloch hat aus dieser utopischen Tradition ein gewaltiges, in die Zukunft und ans Licht strebendes Gedankengebäude errichtet, eine futurische Kathedrale, ein jüdisch-christlich-marxistisches Gesamtkunstwerk: «Das Prinzip Hoffnung». Von Mose bis Che Guevara, vom guten Ausgang jedes Märchens bis zum Trompetensignal in Beethovens «Fidelio», das den Kerker des unschuldigen politischen Gefangenen öffnet, werden die Lebenszeichen gesammelt, in denen sich die menschliche Sehnsucht nach diesem großen glücklichen Finale ausdrückt, nach einer Heimat, die nicht am Anfang, sondern am Ende steht. Bloch war Materialist und weit davon entfernt, einen konventionellen Rabbiner- oder Priesterglauben zu unterschreiben. Aber nie und nimmer hätte er für sein Projekt auf die Inspiration und Autorität der theologischen Überlieferung verzichtet.

Jedes Kind weiß inzwischen, dass in der religiösen Überhöhung der Politik und der politischen Aufladung der Religion eine große Gefahr liegt. Dass der Traum von der harmonischen Gesellschaft den Albtraum der Weltanschauungsdiktatur gebären kann. Dass der Versuch, das Himmelreich auf Erden zu errichten, in die Hölle führt. Wir haben lange schon «Abschied von der Utopie» genommen – so lange, so oft und schließlich mit so mechanischer Selbstverständlichkeit, dass es Zeit wird, sich im Gegenteil wieder an den Wahrheitskern des utopischen Denkens zu erinnern. Irgendwo muss für unser Tun und Trachten schon ein Ziel herkommen. Das Leben, die Politik, die Geschichte können eine Richtung brauchen: die Exodus-Richtung. Es stimmt nicht, dass der Mensch sein Fernweh nach einer anderen Welt ablegen, verleugnen und vergessen müsste. Das Prinzip Hoffnung ist keine Schande und kein Verbrechen, nicht naiv und nicht totalitär, sondern der Gegenentwurf zu einer unwürdigen Ideologie der Genügsamkeit und der Komplizenschaft mit den Dingen, wie sie nun einmal sind.

Zeit wird es aber auch, den religiösen Charakter dieser Hoffnung offen zuzugeben. Das ist nichts, was sie entwerten oder anrüchig machen würde; man braucht sich dafür nicht zu schämen. Gerade die Linke ist von Anklängen an Bibel und Evangelium oft etwas peinlich berührt gewesen; als seien das Zeichen der Unvollkommenheit, kindische Romantikreste, während man viel lieber einen perfekt wissenschaftlichen Sozialismus gehabt hätte. Doch das ist Unsinn. Nicht die Träume und ihre überirdische Herkunft haben sich als Illusion erwiesen, sondern der Versuch, sie gewaltsam auf die Erde zu zerren, Geschichte zu «machen», das Gottesreich als reines Menschenprojekt zu realisieren. Der «wissenschaftliche Sozialismus» war der Aberglaube, nicht der Glaube. Lenin ist tatsächlich widerlegt und erledigt. Mose und Jesaja stehen immer noch ganz gut da.

Man kann das Prinzip Hoffnung nicht «verwirklichen», nicht durch permanenten Fortschritt und nicht durch die Bombenzündung der Revolution. Man kann das Absolute nicht säkularisieren und in die eigenen Hände nehmen, das Paradies oder das Neue Jerusalem nicht selbst herstellen. Wer sich Hoffnung, welt- und rahmensprengende Hoffnung, bewahren will, der sollte sie an ihrem echten Ursprung aufsuchen: in der Religion. Die Hilfsquelle radikaler Politik ist versiegt. Warum es nicht mit dem Original versuchen? Kein Himmelreich auf Erden, das muss nicht heißen: kein Himmelreich, Punkt. Es kann auch bedeuten: Für das Himmelreich braucht man eben doch einen Himmel.

KAPITEL 11

UNTER FREIEM HIMMEL

Himmel – das ist von allen veralteten Religionsworten das überholteste. Himmel – das ist der komplette Kinderglaube, Mittelalter, ein mythologisches Weltbild, in dem die Erde eine Scheibe ist, darunter im Höllenabgrund der Teufel sitzt und obendrüber die Engel durch den Äther fliegen. Es klingt verrückt, dass daran irgendetwas zu retten sein soll, erst recht, dass hier ein Schlüssel zu Menschenfreiheit und Menschenwürde liegt. Es ist aber so, und des Rätsels Lösung steckt in einer Geschichte aus dem Evangelium, der Episode vom «Zinsgroschen»:

Zu Jesus, der in den letzten Tagen seines Lebens, kurz vor seiner Verhaftung, nach Jerusalem gewandert ist, kommen Leute, die ihn hereinlegen wollen – Männer aus dem staatlich-religiösen Establishment, denen der radikale Prediger lästig ist. Sie stellen ihm eine politische Falle, er soll sich kompromittieren; tatsächlich wird er ja dann als geistlich-revolutionärer Unruhestifter hingerichtet. «Meister», lautet die Frage an Jesus, «wir wissen, dass du immer die Wahrheit sagst und dabei auf niemanden Rücksicht nimmst;

denn du siehst nicht auf die Person, sondern lehrst wirklich den Weg Gottes. Ist es erlaubt, dem Kaiser Steuer zu zahlen, oder nicht? Sollen wir sie zahlen oder nicht zahlen?»

Was immer Jesus jetzt sagt, er kann es nur falsch machen. Palästina in neutestamentlicher Zeit ist ein besetztes Land, unter römischer Fremdherrschaft; das bestimmt und vergiftet alle öffentlichen Verhältnisse. Die Besatzer sind unbeliebt. Wenn der Prediger und Wundertäter die Zwangsabgaben an das Imperium rechtfertigt, macht er sich bei seinen Anhängern als Anpasser und Kollaborateur unmöglich. Wenn er aber zur Steuerverweigerung auffordert, zeigt er sich als Rebell quasi selbst an.

Jesus lässt sich eine Silbermünze geben (auf der das Porträt des römischen Herrschers eingeprägt ist) und fragt: «Wessen Bild und Aufschrift ist das? Sie antworteten ihm: Des Kaisers. Da sagte Jesus zu ihnen: So gebt dem Kaiser, was dem Kaiser gehört, und Gott, was Gott gehört! Und sie waren sehr erstaunt über ihn.» Er hatte beiden Autoritäten seine Reverenz erwiesen, sich keine Blöße gegeben und den Kopf aus der Schlinge gezogen.

Jesus hat aber noch viel mehr getan – nämlich den Grund für eine ganze Weltordnung gelegt. Er trifft in der Geschichte vom Zinsgroschen die Unterscheidung aller Unterscheidungen: Der Himmel ist der Himmel, und die Erde ist die Erde; das sollst du nicht verwechseln und verwischen. Er schreibt eine fundamentale Gewaltenteilung fest: zwischen Gott und Mensch, Jenseits und Diesseits, Religion und Staat. Es ist eine politische Theologie, die Politik und Theologie nicht vermischt, sondern trennt. Später, während seines Prozesses, wird er als Aufrührer und Usurpator angeklagt, als eine Art Thronprätendent, der mit seinem Herrschaftsanspruch dem römischen Kaiser Konkurrenz macht. «Bist du der König der Juden?», fragt sein Richter, der Gouverneur Pontius Pilatus. «Mein Königtum ist nicht von dieser Welt», erklärt Jesus. Pilatus insistiert und setzt nach: «Also bist du doch ein König?» Jesus bejaht und gibt zugleich eine höchst merkwürdige Charakterisierung seiner Königsherrschaft: «Du sagst es, ich bin ein König. Ich bin dazu geboren und dazu in die Welt gekommen, dass ich für die Wahrheit Zeugnis ablege. Jeder, der aus der Wahrheit ist, hört auf meine Stimme.» Dieser König will verkündigen, regieren will er nicht.

Nicht von dieser Welt. Das ist die eigentliche Bedeutung des «Himmels» – nicht irgendein Engelsgeflatter, sondern die Differenz zum Irdischen. Das klingt abstrakt und esoterisch, aber aus diesem metaphysischen Ei schlüpft die menschliche Freiheit. Es gibt eine Sphäre der Macht – und eine Sphäre des Glaubens, zu der die Macht keinen Zutritt und in der sie nichts zu sagen hat. Die Religion soll nicht herrschen wollen: das ist die Absage an den Fundamentalismus. Die Macht darf aber auch nicht in den Glauben hineinkommandieren: das ist die Verteidigung des Gewissens.

Nicht, dass Gläubige und Kirche sich immer an diese Gewaltenteilung gehalten hätten; im entferntesten nicht. Sobald die Christen im Imperium Romanum die Macht erobert hatten, haben sie das Christentum zur Staatsreligion erklärt und dafür Gehorsam verlangt. Könige haben Bischofskonzilien manipuliert, die Inquisition hat sich der Regierungsgewalt bedient, um Ketzer zu verfolgen. Wenn der Fürst in der frühen Neuzeit die Konfession wechselte, musste das ganze Land mitwechseln. Bis weit nach dem Zweiten Weltkrieg hat die katholische Kirche sich geweigert, die volle, prinzipielle Gleichberechtigung der Nichtkatholiken wirklich anzuerkennen. Die linke Befreiungstheologie wollte das utopische Potenzial des Glaubens mit Gewalt auf die Erde holen und das Gottesreich als marxistisches Revolutionsprojekt durchsetzen. Die Grenze zwischen Geistlich und Weltlich ist von beiden Seiten her ständig missachtet und verletzt worden.

Aber das ganz Fundamentale wurde in der biblisch-abendländischen Geschichte nicht ausgelöscht und nie ganz vergessen: dass Herrschaft und Heil, menschliche und göttliche Autorität nicht identisch sind – dass sie nicht eins sind, sondern zwei. Hier Mose, da der Pharao. Hier die Propheten, da die Könige. Hier der

Messias Jesus, da der Statthalter Pontius Pilatus. Hier der Papst, da der Kaiser. Das (der heute fast vergessene Philosoph Jacob Taubes hat es mit besonderer Intensität herausgearbeitet) war von ungeheurer Bedeutung. Weder die geistliche noch die weltliche Obrigkeit durfte sich anmaßen, über den ganzen Menschen zu verfügen; es gab immer eine Rückzugsmöglichkeit, eine andere Seite, ein Innen, das sich dem Außen entzog. Das konnte man kultivieren, dafür konnte man das Recht auf Ausdruck und Achtung fordern. So bot die Unterscheidung von Himmel und Erde die Chance zur Entwicklung der Glaubens- und Gewissensfreiheit.

Und die Glaubens- und Gewissensfreiheit ist die Mutter der Freiheiten, die Freiheit, mit der alles steht und fällt – die intimste, weil sie tief bis ins Zentrum der Person reicht, aber zugleich in ihren Konsequenzen unabsehbar politisch, weil von ihr aus die Linie zur Meinungs- und Diskussionsfreiheit, zum sozialen Pluralismus, zur ungehinderten Willensbildung der Bürger führt. Wer Überzeugungen hat, will sie auch formulieren und für sie werben können, mit anderen darüber streiten, sich mit Gesinnungsgenossen zusammentun und gemeinsam etwas unternehmen. Das ist das Lebenselixier der liberalen Gesellschaft. Die Philosophie der Toleranz, des Respekts vor dem Anders-*denkenden*, ist im 17. und 18. Jahrhundert am Beispiel des Anders*glaubenden* entwickelt worden. Die frühen Auswanderer, die aus Europa nach Nordamerika gin-

gen, waren religiöse Dissidenten, die sich dem Welt-
anschauungsdruck in ihren Heimatländern entziehen
wollten. Schließlich entstand daraus die erste moderne
demokratische Republik, die Vereinigten Staaten. Frei
anbeten, predigen und Gottesdienst feiern, frei sich
versammeln, sprechen, handeln, frei leben in einem
freien Land – das gehört am Ende alles zusammen.

Darum ist es so verkehrt und schädlich, wenn eine
Gesellschaft den Sinn für die Religionsfreiheit verliert,
für die Kostbarkeit und Würde der freien Religions-
ausübung, auch wenn sie exotisch oder kurios wirkt.
Sie büßt dann den Kontakt zu ihrem Ursprung ein,
auch zu den Quellen ihrer Kraft. Der verächtliche
Blick, der auf die Zeugen Jehovas fällt, die am Straßen-
rand den «Wachturm» feilbieten, ist kurzsichtig. Mit
Leuten, die auf ihrem frommen Eigensinn beharrten,
fing die Geschichte der Freiheit an, die wir genießen –
und, wer weiß, vielleicht sind sie auch eines Tages die
standhaftesten, wenn die Freiheit noch einmal bedroht
sein sollte.

Denn die Wachsamkeit gegen Gesinnungszensur
und Konformismus hängt unmittelbar davon ab, ob
man auf dem Gebiet von Glauben und Gewissen wirklich etwas zu verteidigen hat. Was einem heilig ist,
dafür tritt man ein, das gibt man nicht preis und lässt es
nicht antasten. Darum ist es gut, dass Menschen etwas
heilig ist, wenn wir eine Gesellschaft wollen, in der es
Unantastbares gibt, in der die Macht nicht alles ist und

nicht alles darf. Der Sikh, der sich nach den Vorschriften seiner Religion die Haare nicht schneiden darf und daher seinen Turban nicht ablegt, auch wenn er eine Uniform trägt, der Priester, der das Beichtgeheimnis auch nach dem Gespräch mit einem Verbrecher nicht brechen kann und sich damit den Ärger der Polizei zuzieht, verteidigen nicht bloß ihren Glauben. Sondern die Freiheit aller und des Ganzen.

Der Mensch braucht nicht nur die Erde, sondern auch den Himmel: damit er nicht in einer alternativlosen, klaustrophobischen Wirklichkeit leben muss. Es ist, wenn es um die Machtverteilung zwischen Gott und Welt geht, immer nur von dem Problem die Rede, dass die Religion übergriffig wird. Aber es gibt auch die umgekehrte Gefahr: den Totalitarismus der Welt. Dann verliert der Mensch seine Freiheit in einer Realität, deren Motto «So und nicht anders» lautet und «Es ist, wie es ist». Die Welt frisst ihn mit Haut und Haar, mit Leib und Seele. Er wird gleichgeschaltet.

Denn nicht nur die Religion, der Himmel kann überhandnehmen – die Erde kann es auch. Die Moderne ist eine große Sache, aber in der ständigen Gefahr, als «stahlhartes Gehäuse» (Max Weber) zu einer luftdicht verschlossenen Immanenzkammer zu werden, zu einem lückenlosen Funktionszusammenhang, der jede Art von Draußen leugnet: das Wunder oder die Willensfreiheit, die Überraschung, die Spontaneität, die Unterbrechung. Religion ist der Inbegriff dieses

«Draußen», das den Lauf der Dinge stört, den Ring der Zwangsläufigkeiten aufsprengt. Eine Perspektive, in der die Welt nicht einfach vorhanden, sondern geschaffen ist, wo Sünden vergeben werden, die Toten auferstehen und der Homo sapiens keine biologisch und sozial konditionierte Überlebensmaschine darstellt, sondern ein sündenanfälliges, erlösungsbedürftiges und geheimnisvolles Gotteskind.

Religion steht gegen die älteste und gegen die neueste Gefangenschaft des Menschen: gegen die mythische Schicksalhaftigkeit, die Fessel seiner Anfänge, aber auch gegen einen wissenschaftsgläubigen Naturalismus, in dem sich die schicksalhafte Abhängigkeit auf zeitgenössischem Niveau wiederholt. Der Dichter Heinrich Heine, der lange ein fröhlicher Unglaubensprediger war, hat gegen Ende seines Lebens in einer Vision biedermeierlichen Grauens den Blick auf die triste Automatik und Phantasielosigkeit gelenkt, die mit einem entleerten, ausgestorbenen Himmel einhergehen: «Sehet, alle Gottheiten sind entflohen, und dort oben sitzt nur noch eine alte Jungfer mit bleiernen Händen und traurigem Herzen: die Notwendigkeit.» Religion ist die Weigerung, sich mit diesem toten Leben abzufinden. Sie sucht die Bruchstelle, die Öffnung, das Fenster. Mit einem anderen klassischen Lyriker zu sprechen, Leonard Cohen: «There is a crack in everything / That's how the light gets in.»

Die religiöse Tradition ist voll von Begriffspaaren,

von Polaritäten und Dualismen, in denen sich der Widerstand gegen eine alternativlose Wirklichkeit artikuliert. Die Gegenüberstellung von Gott und Kaiser, Kirche und Staat ist nur ein Beispiel. Leib und Seele, Zeit und Ewigkeit, Priester und Laie sind andere. Auch: Alltag und Fest, die Woche und der Sonntag – die Zeit, in der man arbeitet, und die andere, in der man «ruht», wie Gott am siebten Schöpfungstag. Das heißt: Das Leistungs- und Produktivitätsethos darf nicht das gesamte Dasein beherrschen, es muss durch geschützte Zonen der Zweckfreiheit ausbalanciert werden. Oder: «vita activa» und «vita contemplativa» – neben dem «tätigen Leben» steht mit gleichem Recht, mit gleicher Notwendigkeit eine andere, «beschauliche» Lebensform, ein frommes Aussteigertum, im Kloster etwa, wo Liturgie und Lektüre der Heiligen Schrift die Existenz ausfüllen. Das ist nicht exklusiv christlich, sondern universal religiös; man denke an die buddhistischen Mönche oder das Thorastudium im orthodoxen Judentum. Immer geht es darum, dass es nicht bloß eine Realität gibt, sondern daneben, dahinter, darüber noch eine andere. Und dass der Mensch auf eine spannungsvolle, riskante und einzigartige Weise dazwischen steht.

Kritikern der Religion sind gerade diese Spaltungen suspekt. Als ob sie Unglück verbreiten, den Fortschritt hemmen und gespensterhafte Scheinwelten errichten würden, die nur der Aberglaube ernst nehmen kann.

Sollten die Klosterbrüder nicht lieber nützliche Arbeit tun und sich in die gewöhnliche Wirklichkeit normaler Menschen einreihen? Wie viel sinnloses Warten auf das kommende Reich Gottes ist aus der religiösen Jenseitsbesessenheit hervorgegangen, wie viel überflüssige moralische Quälerei im Zwiespalt von Leib und Seele! Was für eine Kraftverschwendung und Quelle dauernder Unzufriedenheit, nach der Perfektion der Bergpredigt zu streben, die doch niemand erreichen wird, oder seine Gedanken an eine Ewigkeit zu verschwenden, die die Gläubigen als höllischer Albtraum oder paradiesische Fata Morgana heimsucht! Exaltierte Ansprüche, die nicht zu erfüllen sind, exaltierte Hoffnungen, die nur enttäuscht werden können. Es wäre doch viel besser, wenn der Mensch mit beiden Beinen auf der Erde stehen und sich wohl in seiner Haut fühlen würde – ohne transzendente Beunruhigung, ohne Sehnsucht nach Unsterblichkeit, ohne Gebote, die vom Himmel herab-, und Gebete, die zum Himmel hinaufgehen. Ohne den anstrengenden Grenzverkehr über die Schranke zwischen Zeit und Ewigkeit hinweg, ohne das ganze Außen und Anders, das die Freude und die Arbeit am Hier und Jetzt verdirbt.

Aber das ist falsch. Es geht nicht um Entfremdung, sondern um Freiheit, um den Gewinn und die Sicherung von Spielräumen. Der Mensch soll nicht aufgehen im Bestehenden, nicht reduziert werden auf eine einzige Realität, die einfach hinzunehmen ist und keine

Nachfrage duldet. Er soll nicht verkümmern und verkrüppeln, mit gestutzten Seelenflügeln.

«Der eindimensionale Mensch» ist der Titel eines Buches gewesen, das mehr als jedes andere die Studentenrevolte der späten sechziger Jahre inspiriert hat, geschrieben von Herbert Marcuse. Die Schrift ist eine Anklage gegen die spätkapitalistische Gesellschaft, die mit einer Mischung aus Unterdrückung, Bedürfnisbefriedigung und falscher Toleranz es angeblich geschafft habe, den Geist der Kritik so gut wie vollkommen zu ersticken. Alles Sperrige, so die These, wird ins System integriert und konsumierbar, der politische Protest ebenso wie die künstlerische Avantgarde, im Kaufhaus dudelt die Klassik als Hintergrundmusik, Exzentriker wie Hamlet oder Don Juan werden zum Therapeuten geschickt, und allenfalls noch mit der radikalen Geste einer «Großen Verweigerung» kann man hoffen, dem universalen Konformismus zu entgehen. Was nicht passt und sich nicht fügt, das Negative, die Differenz, das Inkommensurable – das wird laut Marcuse eliminiert. Es ist eine einigermaßen platte und alarmistische Diagnose, als Sozialtheorie und revolutionäres Konzept nicht zu halten.

Doch mit dem Begriff der Eindimensionalität ist etwas getroffen. Inmitten der staunenerregenden Dynamik der Moderne besteht eine Tendenz zur Ruhigstellung und Banalisierung, zur resignierten oder auftrumpfenden Gewissheit, dass diese durch Modernisierung immer reichere Welt – mit ihren Gütern, Möglichkeiten und Erkenntnissen – nun wirklich alles ist, was es gibt und geben kann, der Weisheit letzter Schluss. Wer jetzt noch mehr will, die absolute Wahrheit, die über alle Wissenschaft hinausgeht, eine Seligkeit, die kein «pursuit of happiness» zu geben vermag, Gerechtigkeit, wie sie der perfekteste Sozialstaat und die reformierteste Justiz nicht liefern können: vor dem steht das herrschende Bewusstsein ratlos oder feindselig. Dem ist nicht zu helfen. Der ist ein Narr und vielleicht sogar gefährlich.

Er ist aber nur ein Mensch. Und die Instanz, die ihm das sagt, die ihn gegen die Eindimensionalität verteidigt, wenn sie ihn aufsaugen will, und aus der Eindimensionalität herauszerrt, wenn er es sich in ihr bequem machen möchte – das ist die Religion.

LITERATUR

Religion ist ein unerschöpfliches Thema. Man kann unmöglich auch nur das Wichtigste dazu gelesen haben. Schon was den Verfasser dieses Buchs in seinem Nachdenken über Religion beeinflusst hat, kann er kaum sinnvoll rekonstruieren. Das Literaturverzeichnis zählt daher nur Werke auf, die zitiert werden oder mit deren Ideen sich «Die Verteidigung des Menschen» intensiver auseinandersetzt.

Jan Assmann: Die Mosaische Unterscheidung oder der Preis des Monotheismus. Carl Hanser Verlag, München/Wien 2003.

Jan Assmann: Moses der Ägypter. Entzifferung einer Gedächtnisspur. Carl Hanser Verlag, München/Wien 1998.

Augustinus: Bekenntnisse. Lateinisch und Deutsch. Eingeleitet, übersetzt und erläutert von Joseph Bernhart. Insel Verlag, Frankfurt am Main/Leipzig 1987.

Benedikt XVI.: Gott ist die Liebe. Die Enzyklika

«Deus caritas est». Verlag Herder, Freiburg / Basel / Wien 2006.

Peter Berglar: Die Stunde des Thomas Morus. Einer gegen die Macht. Adamas Verlag, Köln 1999.

Die Bibel. Altes und Neues Testament. Einheitsübersetzung. Verlag Herder, Freiburg / Basel / Wien 1980.

Ernst Bloch: Das Prinzip Hoffnung. In fünf Teilen. Suhrkamp Verlag, Frankfurt am Main 1959.

Louis-Antoine de Bougainville: Reise um die Welt. Herausgegeben von Klaus-Georg Popp. Verlag Rütten und Loening, Berlin 1972.

Denis Diderot: Rameaus Neffe [und andere Schriften]. (Das erzählerische Werk, herausgegeben von Martin Fontius, Band 4.) Aufbau Verlag, Berlin 1995.

Terry Eagleton: Reason, Faith and Revolution. Reflections on the God Debate. Yale University Press, New Haven / London 2009.

Kurt Flasch: Eva und Adam. Wandlungen eines Mythos. Verlag C. H. Beck, München 2004.

Georg Wilhelm Friedrich Hegel: Phänomenologie des Geistes. Neu herausgegeben von Hans-Friedrich Wessels und Heinrich Clairmont. Felix Meiner Verlag, Hamburg 1988.

Heinrich Heine: Memoiren und Geständnisse. Verlag Artemis & Winkler, Düsseldorf / Zürich 1997.

Der Koran. Aus dem Arabischen neu übertragen von Hartmut Bobzin unter Mitarbeit von Katharina Bobzin. Verlag C. H. Beck, München 2010.

Herbert Marcuse: One-Dimensional Man. Studies in the Ideology of Advanced Industrial Society. Routledge, London/New York 2002.

Odo Marquard: Abschied vom Prinzipiellen. Philosophische Studien. Verlag Philipp Reclam jun., Stuttgart 1981.

Friedrich Nietzsche: Jenseits von Gut und Böse. Zur Genealogie der Moral. Herausgegeben von Giorgio Colli und Mazzino Montinari. Deutscher Taschenbuch Verlag, München 1999.

Friedrich Nietzsche: Der Fall Wagner. Götzen-Dämmerung. Der Antichrist. Ecce homo. Dionysos-Dithyramben. Nietzsche contra Wagner. Herausgegeben von Giorgio Colli und Mazzino Montinari. Deutscher Taschenbuch Verlag, München 1999.

Platon: Sämtliche Werke I. Griechisch und Deutsch. Nach der Übersetzung Friedrich Schleiermachers, ergänzt durch Übersetzungen von Franz Susemihl und anderen, herausgegeben von Karlheinz Hülser. Insel Verlag, Frankfurt am Main/Leipzig 1991.

Joseph Kardinal Ratzinger: Salz der Erde. Christentum und katholische Kirche an der Jahrtausendwende. Ein Gespräch mit Peter Seewald. Deutsche Verlags-Anstalt, Stuttgart 1996.

Friedrich Schiller: Sämtliche Gedichte. Herausgegeben von Georg Kurscheidt. Deutscher Klassiker Verlag, Frankfurt am Main 2008.

Peter Sloterdijk: Gottes Eifer. Vom Kampf der drei

Monotheismen. Verlag der Weltreligionen, Frankfurt am Main / Leipzig 2007.

Sophokles: Antigone. Griechisch / Deutsch. Übersetzt und herausgegeben von Norbert Zink. Verlag Philipp Reclam jun., Stuttgart 1981.

Robert Spaemann: Sollten universalistische Religionen auf Mission verzichten? In: Das Europa der Religionen. Ein Kontinent zwischen Säkularisierung und Fundamentalismus. Herausgegeben von Otto Kallscheuer. S. Fischer Verlag, Frankfurt am Main 1996, S. 277 bis 289.

Jacob Taubes: Ad Carl Schmitt. Gegenstrebige Fügung. Merve Verlag, Berlin 1987.

Jacob Taubes: Vom Kult zur Kultur. Bausteine zu einer Kritik der historischen Vernunft. Wilhelm Fink Verlag, München 1996.

Alexis de Tocqueville: Über die Demokratie in Amerika. Erster und zweiter Teil. Aus dem Französischen neu übertragen von Hans Zbinden. Manesse Verlag, Zürich 1987.

Michael Walzer: Exodus and Revolution. Basic Books, New York 1985.

Max Weber: Gesammelte Aufsätze zur Wissenschaftslehre. Herausgegeben von Johannes Winckelmann. Verlag J. C. B. Mohr (Paul Siebeck), Tübingen 1988.

Einige Gedanken und Passagen habe ich aus eigenen Zeitungsartikeln übernommen: in Kapitel 3 aus «Was ist Fundamentalismus?» (DIE ZEIT vom 27. 9. 2001), in Kapitel 9 aus «Die verlorene Schuld» (Frankfurter Allgemeine Zeitung vom 19. 8. 1995) und in Kapitel 11 aus «Wie im Himmel also nicht auf Erden» (Frankfurter Allgemeine Zeitung vom 11. 3. 1995). Ich danke den Verlagen von ZEIT und FAZ für ihr Einverständnis.

DANK

Ursprünglich wollte ich ein politisches Buch über die Rolle der Religion in unserer Gesellschaft schreiben. Aber das war nicht so einfach; ich musste persönlicher werden und mehr vom Glauben selbst reden, auch von meinem eigenen. Ohne Ermutigung und Drängen hätte ich mich kaum dazu entschlossen – und es noch weniger zustande gebracht. Bernd Ulrich verdanke ich die anstrengendsten, fruchtbarsten Nachfragen. Bibi Tegzess hat mir hilfreichen Gegenwind gegeben. Gunnar Schmidt, der Verleger von Rowohlt · Berlin, musste einige Geduld mit den Umwegen des Autors zu seinem Thema aufbringen – und hat es mich nicht spüren lassen. Meine Mutter findet ihre Antworten auf die letzten Fragen eher in der «Pest» von Camus, mein Vater in Lessings «Nathan»; aber dass es gut ist, die großen Fragen zu stellen, das habe ich von meinen Eltern gelernt. Und ohne Ina hätte ich dieses Buch weder begonnen noch den Abschluss geschafft. Von allem, was zwischendrin fehlen würde, ganz zu schweigen.